ENFRENTANDO
LA ANSIEDAD

Soul

RECONOCIMIENTO

Mi agradecimiento al equipo de Grace to You
(Gracia para Vosotros),
quienes me brindaron su experiencia editorial
para este proyecto.
Mi reconocimiento y gracias en particular
para Allacin Morimizu,
quien arregló y editó este libro
de las transcripciones de algunos mensajes.

John MacArthur, Jr.

ENFRENTANDO LA ANSIEDAD

editorial clie

Editorial CLIE
Galvani, 113
08224 TERRASSA (Barcelona)

ENFRENTANDO LA ANSIEDAD

Depósito Legal: B. 19.456-1994
ISBN 84-7645-715-4

Impreso en los Talleres Gráficos de la M.C.E. Horeb,
E.R. nº 265 S.G. –Polígono Industrial Can Trias,
c/Ramón Llull, s/n– 08232 VILADECAVALLS (Barcelona)

Printed in Spain

Clasifíquese: 26   PSICOLOGÍA
              C.T.C. 04-26-1710-09
Referencia: 22.37.86

Índice

INTRODUCCIÓN

La ansiedad, el miedo, la preocupación y el *estrés,* son palabras que nos resultan familiares en nuestros días y, lamentablemente, experiencias bien conocidas para muchas personas. Cada día con más frecuencia, comprobamos la existencia de una forma de ansiedad extrema, que se conoce por «ataque de pánico». Hace unos pocos años pude observar uno de estos ataques en la enfermería a bordo de un barco. Estas «escenas» de ansiedad se repiten a diario en nuestra sociedad de hoy. A menudo están relacionadas con un temor infundado –tan desbordante y fuerte– que se apodera del corazón, haciéndole latir más de prisa, produciendo escalofríos y transpiración excesiva. La víctima se siente completamente indefensa e incapaz de arreglar la difícil situación que le atormenta.

Una señora escribió un artículo muy patético sobre su experiencia, titulado «Yo era prisionera de los ataques de pánico». Comienza así: «En una entrevista con el jefe de personal, y a punto de conseguir un empleo, me ocurrió algo terrible. La habitación sin ventanas donde tenía lugar la entrevista, se cerraba en torno a mí y el aire era escaso e irrespirable. Mi garganta estaba seca y oía un zumbido ensordecedor. El único pensamiento que pasaba por mi cabeza era: *tengo que salir de aquí.* Mi mente y mi corazón se apresuraban para llegar a lo que parecía un punto

7

sin alcance, y toda mi persona iba perdiendo compostura. No sé cómo, pero terminé la entrevista sin dar a mi interlocutor la impresión de que durante algunos segundos había estado ausente de aquella oficina... Aquel día supe lo que era el instinto de luchar o huir, que experimentan los animales y también los seres humanos en las situaciones que amenazan su vida. (Marian V. Liautaud, *Today's Christian Woman,* Julio/Agosto 1991:24). Sin embargo, aquella señora no se encontraba en una situación en la que su vida corriera peligro.

La ansiedad es, en esencia, una respuesta inapropiada a las circunstancias –algo muy diferente de los cuidados y preocupaciones de la vida, que nos obligan a atender nuestros asuntos de forma responsable. En lugar de evitar el estrés y la presión, utilicémoslos como fuerzas que nos animen a llevar a cabo los desafíos que Dios pone ante nosotros. El apóstol Pablo nos dice que además de las presiones exteriores inflexibles a las que tenía que enfrentarse, como persecuciones, problemas económicos y encarcelamientos, también sentía presiones en su interior, como «la preocupación por todas las iglesias» (2ª Co. 11:28). A pesar de ello, en su corazón había lugar para sentir como propia la ansiedad de los demás. Éstas son sus palabras en el versículo 29: «¿Quién enferma, y yo no enfermo? ¿A quién se le hace tropezar, y yo no me indigno?» De no ser así, el apóstol nunca hubiera experimentado esos sentimientos. En efecto, Pablo procuraba que aquellos que servían juntamente con él, aprendieran a tener una respuesta adecuada a las presiones de la vida. Notad cómo encomienda a Timoteo la iglesia de Filipos: «... Pues a ninguno tengo del mismo estado de ánimo, y que tan sinceramente se interese por vosotros» (Fil. 2:20). «Por esto mismo os he enviado a Timoteo, que es

8

mi hijo amado y fiel en el Señor, el cual os recordará mi proceder en Cristo, de la manera que enseño en todas partes y en todas las iglesias» (1ª Co. 4:17).

Cualquiera que conozca y que ame al Señor Jesucristo tiene la capacidad de manejar adecuadamente una presión semejante. La forma equivocada de dirigir el estrés de la vida es preocuparse por él. El mismo Señor Jesús dijo tres veces: «No os afanéis» (Mt. 6:25, 31, 34). Pablo reitera más tarde: «Por nada os inquietéis» (Fil. 4:6). La preocupación es siempre un pecado, porque viola el claro mandamiento bíblico.

Cuando nuestros pensamientos se ocupan en cambiar el futuro, en lugar de hacer lo mejor que podemos para manejar nuestras circunstancias presentes, permitimos que nuestras preocupaciones diarias se tornen en angustia, y por lo tanto en pecado. Estos pensamientos son improductivos y acaban controlándonos –si bien debería ser de otra forma– haciendo que abandonemos otras responsabilidades y relaciones importantes. Esto trae a su vez sentimientos de culpa. Si no tratamos con esos sentimientos de una forma productiva, volviendo a los deberes de la vida cotidiana, en lugar de encontrar las respuestas adecuadas, acabaremos perdiendo las esperanzas. La ansiedad no resuelta debilita nuestra mente y nuestro cuerpo –y puede conducirnos a un ataque de pánico.

Me preocupa seriamente la solución que algunos cristianos ofrecen al problema de la ansiedad. Fijémonos en lo que dice una encuesta sobre los libros de editoriales evangélicas que tratan sobre el tema. La mayoría son formulistas, anecdóticos, o de orientación psicológica. Contienen un montón de bonitas historias, pero no muchas referencias a la Biblia. Cuando emplean la Escritura, lo hacen de forma accidental y sin tener en cuenta el contexto. Los conceptos escriturales son a menudo resumidos a simples términos y presentados más o menos de esta manera: «Si usted hace (término 1) y (término 2), entonces Dios debe hacer (término 3).»

Sin embargo, aún peor que un enfoque superficial es la actitud desdeñosa con la que se trata la Escritura, pues da la impresión de que comparándola con la psicología moderna, es inadecuada para tratar con la ansiedad y otros enemigos de la vida del hombre. Tal concepto contradice la verdad bíblica que nuestro Señor Jesucristo dice en 2ª Pedro 1:3: «Como todas las cosas que pertenecen a la vida y a la piedad nos han sido dadas por su divino poder, mediante el conocimiento de aquel que nos llamó por su gloria y excelencia.» Mi preocupación sobre este tema tan importante me hizo escribir el libro *Our Sufficiency in Christ* (Dallas: Word, 1991).

Al leer un artículo sobre una joven cristiana llamada Gloria, me di cuenta del peligro potencial que significa para los creyentes enfocar la ansiedad únicamente desde el punto de vista psicológico. Esta joven solicitó ayuda profesional después de varios años de estar preocupada por su sobrepeso. Se sometió a tratamiento en una conocida clínica psicológica cristiana en Dallas, donde hizo una terapia intensiva. Como dicha clínica hacía propaganda en una emisora cristiana local y la mencionaban algunos autores de libros que estaban a la venta en las librerías cristianas, Gloria dio por sentado que era un lugar seguro, donde la hija de un pastor bautista podría tratar su problema sin ningún riesgo. Aquel fue el principio de una pesadilla que la llevó a «recordar» una variedad de horrendos e inimaginables actos criminales que sus padres habían supuestamente cometido contra ella, hasta que finalmente acabó llevándoles a ambos ante el juez.

La revista *D Magazine,* de Dallas, tomó la historia y la trató en profundidad (Glenna Whitley, *The Seduction of Gloria Grady*, Octubre 1991:45-71). Los autores de este artículo descubrieron que no había evidencia alguna que corroborara ninguno de los elementos de la historia de Gloria, y que ésta parecía haber sido programada con las debidas expectativas y sugestiones de su terapeuta, cuyos registros dejaban ver que había aconsejado a una cantidad de pacientes con «recuerdos» similares.

En todo el mundo se producen abusos de niños por parte de adultos. Es una de las tragedias más vergonzosas de la sociedad, pero no hay absolutamente ninguna evidencia de que dichas experiencias puedan ser arrancadas de los remotos rincones de la mente por un terapeuta. «La amnesia no es algo demasiado frecuente en los desórdenes del estrés postraumático», dice un experto consultado por la revista *D Magazine.* «El caso que hemos citado es exactamente un ejemplo opuesto: Junto con el acontecimiento traumatizante existe una preocupación» (p. 69). Gloria sucumbió al poder de la sugestión y pagó un precio muy alto. La revista *D. Magazine* concluye diciendo: «Algunos años después de que se pusiera en manos de los psicólogos para que la ayudasen a perder peso, Gloria pesaba más que nunca. Los recuerdos de su niñez se habían distorsionado en una visión de un infierno en la tierra» (p. 71). Ahora tiene una actitud de rencor y rechazo hacia las personas que más necesita porque ha sido influida a creer una cantidad de mentiras sobre ellas. Su ansiedad no desapareció y su situación es cada vez peor. ¡Qué final más terrible para una mujer que quería aliviar su angustia y acabar con su obesidad!

La moraleja de esta historia nos enseña que hemos de tratar nuestras preocupaciones cuidadosamente, y discernir la clase de consejo que recibimos. ¿Qué os parece este consejo de un libro cristiano contemporáneo?:

«Os sugerimos que os reservéis quince minutos cada mañana y otros quince minutos en la tarde, para dar lugar a la preocupación activa. Si la preocupación aflora a la mente durante otros momentos del día, anotadla en un papel y esperad para tratar con ella durante el período designado. La vida libre de preocupaciones se consigue confinando las preocupaciones normales que todos sentimos a un período de tiempo de sólo un 1 por ciento de las veinticuatro horas del día» (Frank Minirth, Paul Meier, Don Hawkins, *Worry-Free Living* [Nashville: Thomas Nelson, 1989], pp. 113-114).

¿Recordáis las palabras del Señor Jesús y el apóstol Pablo en relación con las preocupaciones? No nos aconsejaron que las almacenásemos en dos períodos de tiempo al día. ¡La sugerencia que citamos anteriormente tiene tanto sentido como prescribir un tiempo límite para tener pensamientos lascivos o cualquier otra clase de pecado que venga de forma «natural» a la mente de los pecadores!

Por favor, no quiero que me entendáis mal: no estoy en contra de todas las formas de consejo profesional. Si bien me veo obligado a hacer una advertencia sobre aquellos consejos que llamándose cristianos, usan técnicas y medios antibíblicos para resolver problemas espirituales tales como la ansiedad, me doy cuenta de la profunda necesidad que tienen las personas de saber lo que la Escritura dice acerca de las dificultades a las que se enfrentan. Por consiguiente, apoyo de forma incondicional la ayuda desde el punto de vista bíblico. Dentro de la iglesia hay una gran necesidad de personas con dones, cualificadas y llenas de amor para confortar y ayudar a aquellos que padecen ansiedad, que están cargados con sentimientos de culpa, deprimidos o temerosos. Dentro de mi propia iglesia iniciamos un ministerio para entrenar a nuestros miembros de manera que puedan brindar apoyo bíblico a los demás hermanos y aplicar soluciones escriturales a los problemas existentes.

Resolver asuntos importantes lleva tiempo. Para tratar la ansiedad de acuerdo a lo que nos enseñan las Escrituras, necesitamos en primer lugar estar bien familiarizados con los pasajes que hablan sobre el tema. Luego debemos considerar esos pasajes en su contexto, y no meramente citarlos una y otra vez sin pensar en lo que estamos diciendo. Tampoco hay que usarlos como fundamentos para una hermosa historia o como una técnica de sugerencia para una modificación de la conducta. «Porque cual es su pensamiento en su corazón, tal es él» (Pr. 23:7).

Al ir ordenando nuestras ideas sobre la ansiedad con los consejos que Dios nos da en Su Palabra, nos iremos convirtiendo en personas diferentes. Estaremos preparados para aplicar Su preciosa Palabra en nuestros corazones. No sólo aprenderemos a no preocuparnos, sino que tendremos confianza y éxito en poder hacer algo en concreto acerca de ello. Podremos, además, tratar el tema con decisión y hasta casi diría con osadía. He titulado este libro *Enfrentando la ansiedad* (Anxiety Attacked), porque quiero que sepáis que podéis atacar a este enemigo paralizador y salir ganando. Cada capítulo y el apéndice especial al final del libro, os enseñarán las fórmulas bíblicas específicas en las que podéis apoyaros. Confío en que las encontraréis prácticas y suficientes para poder afirmar junto con el salmista:

«Cuando yo digo: "Mi pie resbala",
tu misericordia, oh Jehová, me sustenta.
En la multitud de mis preocupaciones dentro de mí,
tus consolaciones alegran mi alma»
(Sal. 94:18, 19, NIV).

1

Observando cómo Dios cuida de nosotros

El legendario detective de Sir Arthur Conan Doyle, Sherlock Holmes, es una de las más famosas creaciones de la ficción literaria. Él es sencillamente extraordinario. Su famoso compañero, el Dr. John Watson, es un hombre normal. A menudo se representa a Watson como un poco tonto, pero ésa es una tentativa de Doyle para identificar al lector de una inteligencia promedio con Watson. Invito a mis lectores a que en este diálogo entre Holmes y Watson vean a qué personaje se asemejan más:

«Holmes: Tú ves, pero no observas. La diferencia es clara. Por ejemplo, has visto muchas veces los escalones que llevan a la entrada de esta habitación.

Watson: Sí, con mucha frecuencia.

Holmes: ¿Con cuánta frecuencia?

Watson: Bueno, algunos cientos de veces.

Holmes: Entonces, ¿cuántos escalones hay?

Watson: ¿Cuántos? Pues no lo sé.

Holmes: ¡Eso es! No has observado, y sin embargo los has visto. Eso es lo que quiero decir. Ahora, sé que hay diecisiete escalones, porque los he visto y además los he observado» (*A Scandal in Bohemia* en *The Complete Sherlock Holmes* [New York: Doubleday, 1927]).

La mayoría de nosotros probablemente no sabemos cuántos escalones subimos cada día, y por consiguiente nos parecemos más a Watson. Ahora bien, en este diálogo Holmes está señalando un punto similar al que mencionó el Señor Jesús en Mateo 6:25-34. Aquí el Señor se dirige directamente al tópico de la preocupación, diciéndonos lo que debemos hacer y por qué. Nos sugiere echar un vistazo alrededor de nosotros y observar o pensar profundamente acerca del significado que tienen las cosas detrás de lo que vemos. Ésta es una de las fórmulas bíblicas que debemos aplicar para vernos libres de la preocupación.

«Por tanto os digo: No os afanéis por vuestra vida, qué habéis de comer o qué habéis de beber; ni por vuestro cuerpo, qué habéis de vestir. ¿No es la vida más que el alimento, y el cuerpo más que el vestido?»

«*Mirad las aves del cielo,* que no siembran, ni siegan, ni recogen en graneros, y vuestro Padre Celestial las alimenta. ¿No valéis vosotros mucho más que ellas?»

«*Considerad los lirios del campo,* cómo crecen; no se fatigan ni hilan; pero os digo, que ni aun Salomón, en medio de todo su esplendor, se vistió como uno solo de ellos. Pues si a la hierba del campo, que hoy es y mañana se echa en el horno, Dios la viste así, ¿no lo hará mucho más a vosotros, hombres de poca fe?»

«No os afanéis, pues, diciendo: ¿Qué comeremos, o qué beberemos, o con qué nos vestiremos? Porque todas estas cosas las buscan con afán los gentiles; pues vuestro Padre Celestial sabe que tenéis necesidad de todas estas cosas. Mas buscad primeramente el reino de Dios y su justicia, y todas estas cosas os serán añadidas. Así que, no os afanéis por el día de mañana, porque el día de mañana traerá su propia inquietud. Le basta a cada día su propio mal.»

La frase tan repetida «No os afanéis», es el tema central de estos pasajes. El Señor está dándonos la orden de «cesar y desistir» en contra de la ansiedad, basada sobre el cuidado soberano de Dios amante y omnipotente.

EXPRESIONES DE PREOCUPACIÓN

Todos tenemos que admitir que la preocupación es una tentación común en la vida. Es más, para muchos es el pasatiempo favorito. Puede ocupar los pensamientos de una persona durante la mayor parte del día. Sin embargo, las preocupaciones se cobran un tributo muy alto. Más allá de la necesidad de evitar sus efectos psicológicos y fisiológicos, está lo que el Señor Jesús nos dice. No debemos preocuparnos porque la preocupación es un pecado. El cristiano que se preocupa en realidad está diciendo: «Dios, yo sé lo que quieres decir con Tus palabras, pero no estoy seguro de que puedas quitarme la angustia.» La ansiedad es una escandalosa falta de confianza en el poder y el amor de Dios. A pesar de no ser nada sutil, caemos en ella muy fácilmente y con mucha frecuencia.

La palabra *preocupación* viene de un antiguo término que significa «sofocar» o «estrangular». Estas definiciones son muy apropiadas, porque la preocupación realmente asfixia la mente, que es el asiento de nuestras emociones. La palabra se ajusta también a la noción que tenemos sobre lo que es un ataque de pánico.

Nosotros no somos muy diferentes de la gente acerca de la cual habló el Señor Jesús. Aquellas personas se preocupaban de lo que iban a comer, a beber y a vestir. Si desearais legitimizar vuestra preocupación, lo mejor sería decir: «Bueno, después de todo, no me estoy preocupando por cosas extravagantes, sino por cosas básicas.» Sin embargo, esto está específicamente prohibido para el cristiano.

Al leer las Escrituras, iréis aprendiendo que Dios desea que Sus hijos se preocupen por Sus intereses y no por las cosas pasajeras de este mundo. El Señor nos dice: «Poned la mira en las cosas de arriba, no en las de la tierra» (Col. 3:2). Es como si queriendo que nos veamos libres de esas preocupaciones mundanas, nos dijese: «No os preocupéis sobre las cosas básicas. Yo tendré cuidado de ello.» Nosotros no somos gente atada a este mundo. Éste es un principio básico de la vida espiritual que siempre hemos de tener en mente. Una total confianza en nuestro Padre Celestial hace desaparecer la ansiedad. Cuanto más le conozcamos, más confianza le tendremos.

Mucha gente rica se preocupa acerca de las necesidades –éste es el motivo por el cual acumulan gran cantidad de riquezas como un seguro para el futuro. Muchos pobres también se preocupan acerca de las cosas esenciales de la vida pero no están en condiciones de poder acumular bienes. Simplemente no pueden hacerlo, porque acumular riquezas es una actitud que trata de determinar el destino propio de uno, aparte de la fe y la confianza en Dios. Aun los cristianos podemos cometer dicho error.

A los creyentes se les ordena ser financieramente responsables y tener cuidado de sus familias (1ª Ti. 5:8). La Escritura no nos dice que tener una cuenta de ahorros, invertir un dinero extra, o hacerse una póliza de seguros, demuestre una falta de confianza en Dios. Tales provisiones del Señor son una protección para el promedio de la gente en una sociedad compleja. Sin embargo, han de guardar el equilibrio con el mandamiento del Señor de buscar «primeramente el reino de Dios y Su justicia» (Mt. 6:33) y «de hacerse tesoros en el cielo» (v. 20). No debemos derrochar en nosotros mismos lo que Dios nos ha dado para el cumplimiento de Sus santos propósitos.

Soy partidario de planearlo todo con sabiduría, pero si después de haber hecho todo lo posible para poner en orden nuestras cosas, aún tenemos miedo del futuro, no olvidemos la voz del Señor que nos dice: «No os afanéis». Él ha prometido proveer para todas nuestras necesidades, y así lo hará: «Y mi Dios proveerá a todas vuestras necesidades conforme a sus riquezas en gloria en Cristo Jesús» (Fil. 4:19). Dejemos que ésta sea Su preocupación y no la nuestra.

QUÉ DICE EL SEÑOR JESÚS ACERCA DE LA PREOCUPACIÓN

En Mateo 6:25 el Señor Jesús dice: «No os afanéis por vuestra vida, qué habéis de comer o qué habéis de beber; ni por vuestro cuerpo, qué habéis de vestir. ¿No es la vida más que el alimento, y el cuerpo más que el vestido?» El tiempo de la conjugación del verbo en el texto griego se traduciría literalmente así: «Dejad de preocuparos», y en el versículo 31 sin embargo, es diferente, y significa: «No empecéis a preocuparos.» El Señor Jesús desea dar a estas palabras el siguiente significado: «Si os estáis preocupando, dejad de hacerlo; si aún no habéis empezado a preocuparos, no lo hagáis.»

El término griego que se usa para «vida» es *psuchē*. Tiene que ver con la plenitud de la vida terrenal, física y externa. No estéis ansiosos con las cosas de este mundo temporal –la comida, el vestido y todo lo asociado a ello. Jesús había dicho previamente: «Porque donde está tu tesoro, allí estará también tu corazón» (Mt. 6:21). Si enfocamos nuestra mira en los tesoros terrenales, tendremos también afectos terrenales. Tal cosa ciega nuestra visión espiritual y nos aleja del servicio a Dios. Por eso Dios promete proveernos de aquellas cosas que necesitamos.

Como hijos de Dios tenemos una sola meta: hacer tesoros en los cielos; una sola visión: los propósitos de Dios; y un solo Maestro: Dios, y no el dinero (vv. 19-24). Por lo tanto, no debemos permitir que la preocupación por las cosas de este mundo nos absorba, o sea, lo que (nosotros) comeremos, o lo que (nosotros) beberemos (v. 25).

Tal vez en la sociedad americana una advertencia tal parezca un poco oscura. Después de todo, hay un comercio de alguna clase casi en cada esquina. Tenemos tantas cosas en nuestra casa, que nunca pensamos en dicha advertencia. Pero ocurre que aparece alguien afirmando que en América faltarán la comida y el agua, y entonces empezamos a preocuparnos un poco.

Para apreciar todo el impacto de lo que el Señor Jesús dijo a Sus oyentes, imaginad cómo sería vivir en un país con muchos menos recursos de los que tienen los países de primer orden en economía y nivel de vida. Si hubierais vivido en Palestina en los tiempos del Señor Jesucristo, habríais tenido motivos para preocuparos. Durante algunos inviernos no caía nieve en la montañas, y como resultado, no habían torrentes de agua. A veces una plaga de langostas devoraba las cosechas y había hambre en la tierra. Como consecuencia del hambre, tampoco habían entradas de dinero, y cuando escaseaban éstas, nadie podía comprar ropa y otros artículos de primera necesidad.

Las palabras del Señor Jesús sobre no preocuparnos acerca de esas cosas, son especialmente poderosas en el contexto de aquellos días. Ciertamente constituyen una acusación para nuestra preocupación acerca de las necesidades básicas de la vida. En el versículo 25, el Señor pregunta retóricamente: «¿No es la vida más que el alimento, y el cuerpo más que el vestido?» Por supuesto que lo es, pero nosotros no lo sabríamos a juzgar por la propaganda de hoy y por lo que la gente piensa que necesita conseguir.

Hay muchas personas en nuestra sociedad cuya mayor preocupación es su propio cuerpo –lo adornan, lo preparan, lo visten, lo ponen en un bonito coche, lo hacen vivir en una hermosa casa, lo llenan de comida, lo sientan en un confortable sofá, cuelgan de él un montón de joyas, lo suben en un yate, o a nadar, le enseñan a esquiar, lo llevan a un crucero y otras cosas más. Sin embargo, la esencia de la vida no está contenida en esas cosas, sino que trasciende todo lo externo. La vida viene de Dios –y la plenitud de ella, de Cristo Jesús.

¿POR QUÉ LO DICE?

El Señor Jesús nos da a nosotros, Sus hijos, tres razones por las cuales no debemos preocuparnos acerca de esta vida: Porque es innecesario, dado que tenemos a Dios como Padre, es inadecuado a causa de nuestra fe, y es falto de sabiduría, porque nuestro futuro le pertenece.

La preocupación es innecesaria porque Dios es nuestro Padre

Si tenemos al Dios Todopoderoso como nuestro Padre Celestial, no es necesario que nos preocupemos acerca de las finanzas, las cosas básicas de la vida, lo que comeremos o beberemos, y lo que nos pondremos para vestir. ¿Hemos olvidado quién y cómo es Dios? Mis hijos nunca se preocuparon acerca de cómo podrían conseguir su próxima comida, o si tendrían ropa suficiente, o una cama, o algo para beber. Tales pensamientos nunca entraron en sus mentes, porque me conocen lo suficiente para saber que les he de proveer de todo lo que necesitan –y yo no soy ni siquiera una mínima parte de lo fiel que es Dios. Aun así, a menudo no creemos que Dios vaya a proveernos ni siquiera como un padre terrenal normal.

Si vuestro concepto de Dios es correcto, y veis en Él al Dueño, Controlador y Proveedor de vuestra vida, y más aún a vuestro Padre amante, entonces no tenéis por qué preocuparos. El Señor Jesús dijo: «¿O qué hombre hay entre vosotros, que si su hijo le pide pan, le dará una piedra? ¿O si le pide un pescado, le dará una serpiente? Pues si vosotros, aun siendo malos, sabéis dar buenas dádivas a vuestros hijos, ¿cuánto más vuestro Padre que está en los cielos dará cosas buenas a los que le pidan?» (Mt. 7:9-11).

Puesto que todas las cosas están bajo el control de Dios, descansemos seguros de que Él controlará esas cosas en favor de Sus hijos. El Señor Jesús ilustra esto con tres observaciones de la misma naturaleza.

Dios siempre alimenta a Sus criaturas

En Mateo 6:26 el Señor Jesús dice: «Mirad las aves del cielo, que no siembran, ni siegan, ni recogen en graneros; y vuestro Padre Celestial las alimenta. ¿No valéis vosotros mucho más que ellas?» Puedo imaginar al Señor de pie sobre una de las colinas de Galilea mirando el paisaje del mar, con la brisa acariciando el agua y el sol brillando en el cielo. Esa parte del Mar de Galilea era conocida como un pasaje de migración de las aves. Tal vez mientras el Señor hablaba, estaba viendo volar una bandada de ellas. El Señor Jesucristo quiere que pensemos acerca de las aves. He aquí una buena observación: Los pájaros no se unen para decir: «Estamos aquí para plantear la estrategia de mantenernos vivos.» No tienen ni la conciencia ni la capacidad de razonar, pero Dios ha puesto en ellos el instinto o la capacidad divina de encontrar lo que les es necesario para la vida. Dios no sólo ha creado la vida, sino que también la sustenta.

En Job 38:41 y en el Salmo 147:9 leemos que los polluelos piden a Dios su alimento. El Señor Jesús nos dice que aunque no siembran ni cosechan ni juntan comida en los graneros, nuestro Padre Celestial les oye y provee comida para ellos. Ahora bien, esto no es una excusa para la holgazanería. No vemos a los pájaros sobre las ramas de los árboles con sus picos abiertos. Tal vez os habéis dado cuenta de algo interesante: ¡Nunca llueven gusanos! Dios alimenta a los pájaros mediante el instinto que les dice dónde hallar la comida adecuada, y tienen que trabajar muy duro para conseguirla. Siempre están ocupados picando el suelo, capturando pequeños insectos sobre la corteza de los árboles, preparando sus nidos, cuidando de sus pequeños, enseñándoles a volar, empujándoles fuera del nido en el momento oportuno, y emigrando según las estaciones.

23

Si desean comer deben hacer su parte del trabajo, pero nunca hacen más de lo debido. Ni aun en sus sueños un pájaro diría: «Voy a construir nidos más grandes y a almacenar más gusanos. Voy a decirme a mí mismo: "Come pajarito, bebe y deléitate."» Los pájaros trabajan dentro de los límites que Dios designó para ellos, ni más ni menos. Acumulan grasa en sus cuerpecitos únicamente cuando los metemos en jaulas.

Los pájaros no se preocupan acerca de dónde tienen que encontrar la comida adecuada; simplemente salen y vuelan hasta que la encuentran, y siempre lo hacen, porque Dios está proveyendo para ellos. Los pájaros no tienen razones para preocuparse, y si ellos no lo hacen, ¿por qué nos preocupamos nosotros? El Señor Jesús lo dice con estas palabras: «¿No se venden dos gorriones por un cuarto? Con todo, ni uno de ellos caerá a tierra sin consentirlo vuestro Padre. Y en cuanto a vosotros, hasta los cabellos de vuestra cabeza están todos contados» (Mt. 10:29-31).

¿No es usted mucho mejor que un pájaro? Ningún pájaro ha sido creado a la imagen de Dios, ni tampoco para ser coheredero juntamente con Cristo, ni se le ha preparado un lugar en los cielos en la casa del Padre. Si Dios sostiene la vida de un pájaro, ¿no piensa que tendrá cuidado de la suya? La vida es un don de Dios. Si Dios le ha dado el don de la vida misma, ¿no le parece que le concederá el don menor de sostener esa vida? Por supuesto que lo hará, no tiene por qué preocuparse.

Eso sí, tenga en cuenta que al igual que un pájaro, nosotros también tenemos que trabajar, porque Dios ha dicho que el hombre debe ganarse el pan con el sudor de su frente (Gn. 3:19). Si no trabajamos, tampoco es justo que comamos (2ª Ts. 3:10). Así como Dios ha provisto la comida para los pájaros por medio de su instinto, Él también provee el sustento para el hombre por medio de su esfuerzo.

Algunas personas temen que este planeta se esté quedando sin recursos. He leído un panfleto del Departamento de Agricultura de los Estados Unidos, titulado *Is the World Facing Starvation?* (¿Se está enfrentando el mundo al problema de morirse de hambre?), el cual da estas respuestas a las dos preguntas que se hacen con más frecuencia:

• «¿Tiene el planeta recursos suficientes para las necesidades de todos sus habitantes?» RESPUESTA: «El mundo tiene más recursos de los que se necesitan para alimentar a cada hombre, mujer y niño. Si todos los comestibles que hay en la tierra se hubiesen dividido y distribuido entre la población del mundo durante los últimos 18 años, cada persona habría recibido más del número mínimo necesario de calorías. Desde 1960 hasta la fecha, la producción mundial de cereales nunca cayó por debajo del 103 por ciento de los requisitos mínimos, y fue de un promedio de 108 por ciento entre 1973 y 1977... Si hoy día existiese un sistema para distribuir el grano de forma equitativa, los 4 mil millones de habitantes del mundo tendrían a su disposición cerca de un quinto más de grano por persona que el que disponían los 2.700 millones de habitantes hace 25 años» (*Office of Governmental and Public Affairs*, June 1979, p. 4).

• «¿No ha disminuido la cantidad de comida producida por persona en los países desarrollados en los últimos 25 años?» RESPUESTA: «Éste es un malentendido bastante común. La producción de comida en los países desarrollados ha aumentado... La producción mundial per cápita ha disminuido solamente dos veces en los últimos 25 años… La producción de cereales, la primera fuente de alimentos para la mayoría de la población mundial, aumentó de 290 kilogramos por persona durante la primera parte de la década de los 50, a un promedio de 360 kilogramos durante los últimos cinco años, lo que marca casi un 25 por ciento de aumento» (p. 5).

Obviamente algunas de las estadísticas han cambiado, pero los datos esenciales no han variado: En este planeta hay más comida que nunca. Cuando Dios dice que Él proveerá, quiere decir exactamente eso. Cada vez que vea un pájaro, recuerde la abundante provisión de Dios. Ojalá le sirva para detener a tiempo cualquier preocupación que se asome a su mente.

La preocupación es incapaz de llevar a cabo nada productivo

El Señor Jesús nos ofrece otra observación práctica que ilustra muy bien lo insensato de la preocupación: «¿Y quién de vosotros podrá, a fuerza de afanarse, añadir a su estatura un solo codo?» (Mt. 6:27). No sólo no podrá alargar su vida preocupándose, sino que, por el contrario, probablemente la acortará. Charles Mayo, cofundador de la Clínica Mayo, dice que la preocupación afecta negativamente al sistema circulatorio, al corazón, al sistema endocrino y a todo el sistema nervioso. En la revista médica *American Mercury,* Mayo dice que nunca conoció a nadie que muriese por trabajar demasiado, pero sí a muchos que han acabado sus días repentinamente a causa de las preocupaciones. Usted puede preocuparse hasta la muerte, pero nunca podrá hacerlo por demasiado tiempo antes de que su vida se vea seriamente afectada o súbitamente truncada.

En los días actuales, la gente tiene una verdadera obsesión por alargar su vida. Se interesan en las vitaminas, los productos naturales, las dietas, la gimnasia, etc. Sin embargo, Dios ha determinado previamente cuánto tiempo hemos de vivir. En Job 14:5 leemos acerca del hombre: «Ciertamente sus días están contados, y el número de sus meses te es bien conocido; le pusiste límites, de los cuales no pasará.» ¿Significa esto que deberíamos descuidar nuestra dieta, el ejercicio físico, etc.? Por supuesto que no, pues si observamos las buenas reglas de una higiene de vida, incrementaremos la calidad de ésta, pero no tenemos ninguna garantía en cuanto a darle una duración mayor. Cuando hago ejercicio y como correctamente, mi cuerpo y mi cerebro trabajan mejor y todo mi ser se siente mejor, pero no voy a engañarme pensando que corriendo algunos kilómetros cada mañana, y comiendo comida sana y equilibrada, voy a obligar a Dios a que prolongue mi vida.

La preocupación acerca de cuántos años hemos de vivir y cómo añadir años a nuestra vida está fuera de lugar, pues equivale a no confiar en Dios. Si usted le entrega su vida y es obediente a Su Palabra, Él le concederá la plenitud de sus días. Usted podrá experimentar la vida en abundancia solamente si la vive para la gloria de Dios. No importa si es una vida corta o larga, lo importante es que será maravillosa.

Dios puede vestir aún las praderas de esplendor

El Señor Jesús nos da otra ilustración de la naturaleza para que aprendamos a no preocuparnos: «¿Y por qué os afanáis por el vestido? Considerad los lirios del campo, cómo crecen; no se fatigan ni hilan; pero os digo, que ni aun Salomón, en medio de todo su esplendor, se vistió como uno solo de ellos. Pues si a la hierba del campo, que hoy es y mañana se echa en el horno, Dios la viste así, ¿no lo hará mucho más a vosotros, hombres de poca fe?» (Mt. 6:28-30).

Para algunas personas, el lugar más importante del mundo es su armario. En lugar de tener miedo a no tener nada que ponerse –una preocupación común en los tiempos bíblicos– estas personas temen que no puedan lucir lo mejor de la última moda. La manía por la ropa cara y de marca es un pecado muy común en nuestra sociedad actual.

Siempre que camino por un centro comercial, me asombro mirando cuántas cosas hay en las tiendas. No sé cómo estas casas pueden hacer sus inventarios. Hemos hecho de la moda un dios. Nos permitimos gastar una verdadera fortuna en vestir nuestros cuerpos con cosas que no tienen nada que ver con la belleza de carácter: «Vuestro atavío no sea el externo de peinados ostentosos, de adornos de oro o de vestidos lujosos, sino el ser interior de la persona, en el incorruptible ornato de un espíritu manso y apacible, que es de gran valor delante de Dios.» (1ª P. 3:3, 4).

Si a pesar de todo le interesa el tema de las ropas lujosas, el Señor Jesús nos dice que la mejor tela de este mundo no se puede ni siquiera comparar a uno de «los lirios del campo» (Mt. 6:28). Éste es un término que se usa en general para todas las flores silvestres que adornaban las ondulantes colinas de Galilea, tales como anémonas, gladiolos, narcisos y amapolas. «No se fatigan ni hilan» (v. 28), no podréis encontrar a ninguna flor haciendo tela de telar o tejiendo sobre ella misma mientras dice: «Ya he tenido el color rojo durante dos días, ahora creo que voy a cambiarlo por el azul.»

Mirad las flores más sencillas de vuestro alrededor: hay en ellas una belleza grácil y natural. Podréis tomar la tela más costosa y lujosa que jamás hayan hecho los hombres, como las que vestía el rey Salomón, y mirar un fragmento de la misma al microscopio. Lo que veréis es una sucesión de rayas como pequeños palos. Sin embargo, si examináis bajo el microscopio una partícula del pétalo de una flor, os sumergiréis en un mundo maravilloso de células armoniosas. Si nunca habéis contemplado detenidamente una flor, ahora sabéis que tiene una textura, una forma, un diseño, una sustancia y un color que el hombre con todo su ingenio no puede ni siquiera imitar.

¿Qué queremos decir con esto? Pues que si «a la hierba del campo, que hoy es y mañana se echa en el horno, Dios la viste así, ¿no lo hará mucho más a vosotros, hombres de poca fe?» (Mt. 6:30). Las flores silvestres tienen una vida muy corta. La gente recoge montones de ellas, mezcladas con la hierba seca, para echarlas al horno y avivar el fuego. Un Dios que otorgue una belleza tal a algo tan temporal, ciertamente proveerá la ropa necesaria para Sus hijos eternos. Una poesía anónima expresa sencillamente esta hermosa lección:

«La flor silvestre le dijo al gorrión:
"Ciertamente me gustaría saber
Por qué estos ansiosos hombres
Corren y se apresuran todo el día."
Y el gorrión le respondió:
"Amigo, creo que debe ser
Porque no tienen un Padre Celestial,
Como el que cuida de ti y de mí."»

La preocupación está fuera de lugar a causa de nuestra fe

Si os preocupáis, ¿qué clase de fe estáis manifestando? De acuerdo a lo que dice el Señor en Mateo 6:30, «poca fe». Si sois hijos de Dios, entonces tenéis un Padre Celestial. Actuar como si no lo tuvieseis, preguntándoos con nerviosismo, ¿qué comeremos, qué beberemos, o con qué nos vestiremos?, es actuar como incrédulos a los ojos de Dios (vv. 31, 32).

Los cristianos que se preocupan creen que Dios puede redimirles, romper los grilletes de Satanás, sacarlos del infierno para llevarlos al cielo, ponerlos en Su reino y darles la vida eterna, pero no piensan que pueda conservarles sanos, salvos y victoriosos durante los próximos dos días. Esto es verdaderamente ridículo. Podemos creer que Dios nos da el don más grande, pero no creemos que quiera darnos los más pequeños.

La persona preocupada ofende a Dios

Alguien podría decir: «¿Por qué complicarse la vida así con el tema de la preocupación? No es sino un pecado trivial.» No, no lo es. Creo que la mayoría de las enfermedades mentales y algunas de las físicas, están directamente relacionadas con el problema de la preocupación. La preocupación y la ansiedad son devastadoras, pero aún más importante es el efecto que tienen sobre Dios. Cuando nos preocupamos, en realidad estamos diciendo: «Dios, no creo que pueda confiar en Ti.» La preocupación da un duro golpe al creyente y también al carácter de Dios.

La persona preocupada no cree a la Escritura

Me pongo realmente triste cuando oigo que un creyente dice: «Creo que la Escritura es infalible», pero sin embargo vive en un estado de permanente preocupación. Estas personas están diciendo una cosa de labios para afuera, mientras su pensamiento y su conducta práctica demuestran lo contrario. Decir lo mucho que creemos en la Biblia y preocuparnos acerca de si Dios va a cumplir lo que dice en ella es, en verdad, incongruente.

La persona preocupada está gobernada por las circunstancias

Cuando nos preocupamos, escogemos ser gobernados por nuestras circunstancias en lugar de hacerlo por medio de la verdad de Dios. Las vicisitudes y pruebas de la vida no son nada comparadas con la grandeza de nuestra salvación. El Señor Jesús desea que nos demos cuenta de que no tiene sentido creer que Dios puede salvarnos del infierno eterno, pero que no puede ayudarnos en los asuntos de la vida práctica. El apóstol Pablo expresa un deseo similar en el pasaje de Efesios 1:18, 19: «Alumbrando los ojos de vuestro entendimiento, para que sepáis cuál es la esperanza a que él os ha llamado, y cuáles las riquezas de la gloria de su herencia en los santos, y cuál la supereminente grandeza de su poder para con nosotros los que creemos.» Cuando esté preocupado, vuelva a leer las Escrituras y sus ojos serán nuevamente abiertos.

La persona preocupada no confía en Dios

Cuando nos preocupamos, no estamos confiando en nuestro Padre Celestial. Esto significa que aún no le conocemos bien. Tened ánimo, hay un remedio efectivo: estudiar la Palabra de Dios para ver quién es Él y cómo ha suplido las necesidades de Su pueblo en el pasado. La lectura de la Palabra le ayudará a tener confianza para el futuro. Lea cada día la Escritura, manteniéndola fresca y viva, de manera que el mismo Dios esté siempre en su mente. De otro modo Satanás podrá instalarse en el vacío que usted deja y se ocupará de preocuparle con algo. En lugar de ello, permita que la voluntad de Dios puesta de manifiesto en la Escritura y en su propia vida, le asegure que la preocupación es innecesaria a causa de la bondad de Dios. Además, carece de sentido porque tenemos las promesas de Dios, es inútil por su total impotencia para hacer nada productivo, y carente de fe por ser característica de los incrédulos.

La preocupación por nuestro futuro no es inteligente
El Señor Jesús dijo: «Así que no os afanéis por el día de mañana, porque el día de mañana traerá su propia inquietud. Le basta a cada día su propio mal» (Mt. 6:34). Lo que quiso decir es: «No os preocupéis por el futuro. Aunque traerá su carga de problemas, hay que esperar a que éstos se vayan resolviendo a medida que se presentan, con el paso del tiempo. Tratad las dificultades según vayan viniendo, pues no hay forma de resolverlas por adelantado.» Dios es el Dios del día de hoy y también del mañana. En Lamentaciones 3:23 leemos que Sus misericordias son nuevas cada mañana. Él nos alimenta como lo hizo con los hijos de Israel –con el maná necesario para cada día.

La preocupación paraliza a su víctima, haciéndole estar demasiado enfadada y confundida para hacer algo productivo. Nos transporta mentalmente al día de mañana, hasta encontrar alguna cosa con la cual preocuparnos. Negaos a andar por ese camino. El Señor dice que en el día de hoy tenéis suficientes cosas de qué preocuparos. Aplicad los recursos que tenéis hoy para las necesidades de hoy, o de otro modo perderéis el gozo del día presente.

La ausencia de gozo en el hijo de Dios es un pecado. Preocupándose por el día de mañana, muchos creyentes se pierden la victoria que Dios quiere darles para hoy. Ésta es una actitud injusta. Miremos lo que dice el Salmo 118:24, NIV: «Este día se lo debemos a Jehová; nos gozaremos y alegraremos en él.» Dios le brinda hoy el don glorioso de la vida; viva en la luz y el gozo pleno de este día, usando los recursos que Él le da. No se afane en alcanzar el futuro y cambie el gozo del día de hoy por la preocupación de un mañana que tal vez nunca llegue. El día de hoy es todo lo que tiene, pues Dios no permite a ninguno de nosotros vivir el mañana hasta que no llegue y se convierta en hoy. Jay Adams, quien ha escrito varios libros con consejos para aquellos que se ven agobiados por la ansiedad y otros pecados, dice:

> «El mañana pertenece a Dios… Siempre que tratamos de echar mano de él, estamos robando algo que le pertenece al Señor. Los pecadores desean tener lo que no les pertenece, y así se destruyen a sí mismos. Dios nos ha dado el día de hoy, y no quiere que nos preocupemos acerca de los acontecimientos del futuro… Los que se preocupan no sólo quieren aquello que les ha sido prohibido, sino que además no saben usar debidamente lo que les ha sido dado» (*What Do You Do When You Worry All the Time?*, pamphlet [Phillipsburg, N.J.: P & R, 1975]).

Démonos cuenta de que Dios nos da la fortaleza suficiente para vivir un día a la vez. Él nos provee de lo que necesitamos en el momento preciso. Nunca nos hace llevar exceso de equipaje. Tal vez usted tenga miedo de tener que enfrentarse a la muerte de un ser amado. Permítame asegurarle como pastor de una iglesia en la que muchos cristianos se han encontrado en esta situación, que éstas son las palabras que he escuchado con más frecuencia: «¡Es tan maravilloso ver cómo Dios me ha sostenido en medio de esta prueba! Naturalmente que echo de menos a este querido familiar, ¡pero siento una fortaleza y confianza tan increíbles, y un gozo en mi corazón de saber que él está con el Señor!» Dios nos da Su gracia en la hora en que más la necesitamos. Si nos preocupamos hoy acerca del futuro, redoblamos nuestro dolor sin tener la gracia suficiente para sobrellevarlo.

«Jesucristo es el mismo, ayer, y hoy, y por los siglos.» (He. 13:8). Esto significa que Él hará mañana lo mismo que hizo ayer. Si usted tiene cualquier pregunta acerca del futuro, mire al pasado. ¿Le sostuvo Él entonces? Pues también le sostendrá en el futuro.

SUSTITUYA LA PREOCUPACIÓN POR UN ENFOQUE CORRECTO DE SU ATENCIÓN

El Señor Jesús nos dice hoy: «Mas buscad primeramente el reino de Dios y su justicia, y todas estas cosas os serán añadidas» (Mt. 6:33). En otras palabras, eleve sus pensamientos hasta el nivel divino y Dios tendrá cuidado de todas sus necesidades físicas. Dios desea liberar a Sus hijos de las preocupaciones mundanas. Colosenses 3:2 nos lo explica en forma muy directa: «Poned la mira en las cosas de arriba, no en las de la tierra.» Por lo tanto, un cristiano materialista está en contradicción con lo que dice la Escritura.

La palabra griega *prōtos* («primero») significa «primero en una línea de más de una opción.» De todas las prioridades de la vida, buscar el reino de Dios es la

34

número uno. Significa hacer todo lo que sea posible para promover el gobierno de Dios sobre Su creación. Eso incluye buscar las normas de Cristo para manifestarlas en su vida por medio de la «justicia, paz y gozo en el Espíritu Santo» (Ro. 14:17). Cuando en lugar de la preocupación, el mundo ve estas virtudes en su vida, se da cuenta de que se trata de una persona diferente. Usted podrá decir: «Yo deseo hablarle a la gente acerca del Señor Jesús, para que puedan ser salvos», pero si su vida está marcada por la ansiedad y el temor, no creerán que usted tenga nada que ellos deseen conseguir. Por el contrario, se estarán cuestionando seriamente el poder de Dios.

Tal vez usted sea consciente de su pobre testimonio y haga cualquier cosa para desarraigar esas características desfavorables de su personalidad. Veamos lo que dice Jay Adams en relación con los temores irracionales:

«Dios desea que usted procure agradarle a Él en primer lugar, y que piense luego en el problema del temor. Por eso cuando en Mateo 6:33 se habla sobre el miedo, el Señor nos dice: "Mas buscad primeramente el reino de Dios y su justicia." Si usted pone en primer lugar cualquier otra cosa –aun el deseo de librarse de un miedo terrible– descubrirá que no puede lograr ninguna de las dos metas. Dios no quiere tener un segundo lugar, aun frente al deseo legítimo de verse libre del temor» (*What Do You Do When Fear Overcomes You?* pamphlet [Phillipsburg, N.J.: P & R, 1975]).

¿Cuál es la preocupación de su corazón? ¿Está usted más preocupado por el reino de Dios o por las cosas de este mundo? La mundanalidad es un pecado muy común en nuestra sociedad. Sepa que no es el único cristiano que ha sido tentado por la mundanalidad. En su corta historia,

The Bet (La Apuesta), el autor ruso Anton Chekhov representa muy hábilmente la fascinación en la que el mundo se ve envuelto. En ella, un pobre abogado hace una apuesta con un rico banquero por 2 millones de dólares si éste se somete voluntariamente a un confinamiento solitario durante quince años, bajo la supervisión del banquero.

En el primer año este hombre mandó pedir libros más bien de carácter ligero. En el segundo año el prisionero pidió únicamente libros clásicos. Más tarde empezó a estudiar lenguas extranjeras, música, filosofía e historia. Cuando llegó el décimo año, el prisionero se sentó inmóvil a su mesa y no quiso leer nada más que los Evangelios, seguidos de teología e historias religiosas.

La noche antes de recibir los dos millones, el prisionero escribió estas palabras a su secuestrador:

«Con una clara consciencia le digo ante Dios, quien me sostiene, que desprecio la libertad, la vida y la salud, y todo lo que en sus libros usted llama las buenas cosas de este mundo.»

«Durante quince años he estado tratando de estudiar las cosas de esta vida. Es verdad que no he visto nada del mundo, ni siquiera a los seres humanos, pero en sus libros he bebido el vino fragante y he cantado canciones, he cazado ciervos y... he amado a mujeres... Bellezas etéreas como nubes, creadas por la magia de sus poetas y genios, que me han visitado por la noche y han suspirado a mis oídos historias maravillosas que han hecho que mi mente dé vueltas como una rueda de molino.»

«Sus libros me han dado sabiduría. Todo lo que el inquieto pensamiento del hombre ha creado en las edades, está comprimido en un pequeño espacio en mi cerebro. Sé que soy más sabio que todos vosotros.»

«(A pesar de ello) desprecio sus libros, desprecio la sabiduría y las bendiciones de este mundo. Todo es inútil, pasajero, ilusorio y engañoso, como un espejismo. Uno puede ser orgulloso, sabio y refinado, pero la muerte le borrará de la faz de la tierra...»

«Para probarle con hechos cómo desprecio todo aquello para lo cual usted vive, renuncio a los dos millones con los cuales una vez soñé como en un paraíso que ahora menosprecio» (*The Tales of Chekhov,* pp. 263-264; cf. *The Bet and Other Stories* [Dublin and London: Maunsel & Co., 1915], pp. 9-11).

Éste es un ejemplo claro de alguien que aprendió su lección de una forma muy dura. Nosotros como creyentes no necesitamos hacer las cosas de esta manera. Nuestro Señor «nos da gracia y gloria; no quitará el bien a los que andan en integridad» (Sal. 84:11). No estemos ansiosos por las cosas de este mundo —o cualquier otra cosa que sirva para sus propósitos. Como diría Sherlock Holmes, no os limitéis a ver, sino también observad. Y recordad lo que el Señor Jesús nos dijo que observáramos: las numerosas evidencias que nos rodean y nos hablan del abundante cuidado de Dios, y de Su provisión para las necesidades de Sus amados.

2

Evitando la ansiedad por medio de la oración

Así como en Mateo 6 encontramos la gran declaración del Señor Jesús sobre el tema de la preocupación, en Filipenses 4 el apóstol Pablo nos habla sobre cómo evitar la ansiedad. Estos pasajes son las porciones que tratan de forma más comprensiva sobre dicho problema. Por lo tanto, son fundamentales para entender lo que Dios piensa acerca de la ansiedad, y por qué piensa de esta manera. La enseñanza es clara, convincente y directa. En Filipenses 4:6-9 Pablo nos da estos mandamientos:

> «Por nada os inquietéis, sino que sean presentadas vuestras peticiones delante de Dios mediante oración y ruego con acción de gracias. Y la paz de Dios, que sobrepasa a todo entendimiento, guardará vuestros corazones y vuestros pensamientos en Cristo Jesús.»

> «Por lo demás, hermanos, todo lo que es verdadero, todo lo respetable, todo lo justo, todo lo puro, todo lo amable,

39

todo lo que es de buena reputación; si hay virtud alguna, si algo digno de alabanza, en esto pensad. Lo que aprendisteis y recibisteis y oísteis y visteis en mí, ponedlo por obra; y el Dios de la paz estará con vosotros.»

El consejo que nos da Pablo es que no nos preocupemos, pero no se limita a dejarnos allí, sino que además nos ayuda a llenar ese vacío, dirigiéndonos a dar los siguientes pasos positivos: orar correctamente, pensar correctamente y actuar correctamente. La mejor manera de eliminar un mal hábito es reemplazarlo por otro bueno, y pocos hábitos son tan malos como la preocupación. La mejor forma de evitarla es por medio de la oración. El pensamiento y las acciones correctas son los próximos pasos que debemos dar, pero todo el proceso comienza con la oración.

REACCIONE FRENTE A LOS PROBLEMAS CON UNA ORACIÓN DE GRATITUD

El apóstol Pablo dijo: «... sino que sean presentadas vuestras peticiones delante de Dios mediante oración y ruego con acción de gracias» (v. 6). Esta enseñanza nos dice cómo orar con gratitud. Los términos griegos que usa Pablo se refieren a las peticiones específicas hechas a Dios en medio de las dificultades.

En lugar de orar a Dios con sentimientos de duda, desánimo o descontento, hemos de acercarnos a Él con gratitud, aun antes de pronunciar la primera palabra. Cuando nos damos cuenta de que las promesas de Dios nos dicen que nuestro Padre no permitirá que nos suceda nada más penoso y difícil de lo que podamos sobrellevar, podemos darle gracias con toda sinceridad (1ª Co. 10:13). Todo lo que nos acontezca Dios lo usará para nuestro bien (Ro. 8:28), y para perfeccionarnos, afianzarnos, fortalecernos y establecernos en medio del sufrimiento (1ª P. 5:10). Éstos son los principios claves para vivir la vida cristiana. Hagamos lo posible para memorizarlos, de modo que constituyan una buena base para interpretar todo lo que nos acontece. Sepamos que todas nuestras dificultades están dentro de los propósitos de Dios y démosle las gracias porque podemos contar con Su poder y Sus promesas.

Si somos agradecidos, nos veremos libres del miedo y las preocupaciones. Además, estaremos demostrando que confiamos en Dios y ponemos nuestra situación bajo Su control. Por otra parte, no es difícil de hacer, pues tenemos muchas bendiciones por las cuales estar agradecidos: saber que Dios suplirá todas nuestras necesidades (Fil. 4:19), la seguridad de que Él permanece cerca, en contacto con nuestras vidas (Sal. 139:3) y que se interesa por nosotros (1ª P. 5:7); que todo el poder le pertenece (Sal. 62:11), que nos está conformando más y más a la imagen de Cristo (Ro. 8:29; Fil. 1:6), y que no hay nada que se escape de Su control (Sal. 147:5).

Cuando fue tragado por un gran pez, el profeta Jonás reaccionó con una oración de gratitud (Jonás 2:1). Suponga por un momento que de pronto se encuentra nadando entre los jugos gástricos de un pez, ¿cómo piensa que reaccionaría? Tal vez gritaría diciendo: «Pero Señor, ¿qué estás haciendo conmigo? ¿Dónde estás?» Si hubiera una sola excusa para sentir pánico, seguramente sería ésta. Sin embargo, Jonás reaccionó de forma diferente:

«Invoqué en mi angustia a Jehová, y Él me oyó... Me echaste a lo profundo, en medio de los mares... Entonces dije: Soy rechazado de delante de tus ojos... Las aguas me rodearon hasta el alma, rodeóme el abismo; las algas se enredaron a mi cabeza. Descendí a los cimientos de los montes... Cuando mi alma desfallecía, me acordé de Jehová, y mi oración llegó hasta ti en tu santo templo. Los que siguen vanidades ilusorias, abandonan su misericordia. *Mas yo te ofreceré sacrificios con voz de alabanza...* La salvación es de Jehová» (vv. 2-9).

Aunque Jonás tenía sus debilidades, reflejó una profunda estabilidad espiritual en su oración. Jonás confiaba en la capacidad de Dios para liberarle si así lo quería. Del mismo modo, la paz de Dios nos ayudará a estar tranquilos si reaccionamos ante nuestras circunstancias, ya sean normales o inusuales, con una oración de gratitud en lugar de hacerlo con ansiedad y turbación de espíritu. Ésta es la promesa de Filipenses 4:7: «Y la paz de Dios, que sobrepasa a todo entendimiento, guardará vuestros corazones y vuestros pensamientos en Cristo Jesús.»

Este precioso versículo promete la paz interior y la tranquilidad a los creyentes que oran con una actitud de agradecimiento. Sin embargo, notad que no promete cuál será la clase de respuesta a la oración.

Esta paz que «sobrepasa todo entendimiento», de la cual se habla, es de origen divino. Trasciende el intelecto y va más allá de todo análisis y discernimiento humanos. Ningún otro consejero puede darnos esta paz, pues es un don de Dios en respuesta a nuestra gratitud y confianza.

El desafío real de la vida cristiana no consiste en eliminar cada circunstancia inconveniente de nuestras vidas, sino en depositar nuestra confianza en el soberano, sabio y poderoso Dios. Las cosas que desde nuestro punto de vista nos perturban, por ejemplo, la manera como nos tratan los demás, dónde vivimos, o en qué trabajamos, pueden ser cosas que en lugar de debilitarnos, sirvan para nuestro fortalecimiento.

El Señor Jesús les dijo a Sus discípulos: «Estas cosas os he hablado para que tengáis paz en mí. En el mundo tendréis aflicción; pero tened ánimo, yo he vencido al mundo» (Juan 16:33). Como discípulos de Cristo, necesitamos aceptar el hecho de que vivimos en un mundo imperfecto, y permitir que Dios haga Su obra perfecta en nosotros. Nuestro Señor nos dará Su paz si nos confiamos enteramente a Su cuidado.

La paz de Dios «guardará vuestros corazones y vuestros pensamientos en Cristo Jesús» (Fil. 4:7). La alegoría de John Bunyan *The Holy War* (La Guerra Santa), ilustra cómo esta paz guarda el corazón del creyente de la ansiedad, la duda, el miedo y las aflicciones. En ella, el Señor Paz de Dios debía guardar la ciudad de Mansoul (el alma del hombre). Mientras Paz de Dios estaba gobernando, Mansoul disfrutaba de armonía, felicidad, gozo y salud. Sin embargo, el Príncipe Emanuel (Cristo), se fue porque Mansoul le contristó. En consecuencia, el Señor Paz de Dios renunció a su comisión, y el resultado fue un caos tremendo.

El creyente que no vive depositando su confianza en la soberanía de Dios no recibe la paz de Dios y en su corazón reinan la duda y el caos. Sin embargo, nuestra confianza en el Señor nos permitirá darle gracias en medio de las pruebas, porque tenemos la paz de Dios que protege activamente nuestros corazones.

Durante la Segunda Guerra Mundial, un carguero alemán armado recogió a un misionero cuyo barco había naufragado a causa de un torpedo. En los primeros momentos, el pobre estaba tan asustado que ni siquiera podía cerrar sus ojos. Sin embargo, fijémonos en lo que hizo para poder sobrevivir aquella noche: «Empecé a tener comunión con Dios. Él me trajo a la mente estas palabras del Salmo 121: "Mi socorro viene de Jehová, que hizo los cielos y la tierra. No dejará que tu pie titubee, ni se dormirá el que te guarda... He aquí, no dormirá ni se adormecerá" (vv. 2-4, KJV)... De manera que dije: "Señor, no vale la pena que esté despierto durante toda la noche. Si Tú vas a estar vigilándome, te doy gracias por poder tener un sueño reparador"» (Paul Rees, *The Adequate Man: Paul in Philippians* [Westwood, N.J.: Revell, 1959], p. 106). Este misionero cambió su temor y ansiedad por una oración de gratitud, y la paz de Dios que resultó de ello, le capacitó para poder dormir tranquilamente toda aquella noche. Usted también podrá disfrutar de la paz y el descanso divinos, cuando cultive el hábito de mirar a Dios con una actitud de agradecimiento.

ENFOQUE SU ATENCIÓN EN LAS VIRTUDES PIADOSAS

La oración es nuestro medio principal para evitar la ansiedad. Después de decir que no debíamos estar ansiosos (Fil. 4:6), Pablo añadió dos frases completas especificando la forma de orar y detallando cuáles serían sus beneficios. A menudo el pasaje de Filipenses 4 se simplifica y se presenta erróneamente como una simple lista de instrucciones para tratar con las preocupaciones, pero en realidad es mucho más que eso. Como creyentes, hemos de dejar atrás el pecado de la preocupación mediante nuestras oraciones, y de forma gradual convertirnos en personas diferentes por medio de las nuevas formas de

44

pensar y actuar. Exploremos ahora estos próximos pasos a dar, aparte de la preocupación.

Pablo escribió las siguientes palabras: «Por lo demás, hermanos, todo lo que es verdadero, todo lo respetable, todo lo justo, todo lo puro, todo lo amable, todo lo que es de buena reputación; si hay virtud alguna, si algo digno de alabanza, en esto pensad» (v. 8). Como mencioné anteriormente, todos nosotros somos el producto de nuestro pensamiento. De acuerdo a Proverbios 23:7: «Porque cual es su pensamiento en su corazón, tal es él.» Lamentablemente, muchos psicólogos creen que un individuo puede encontrar la estabilidad y la paz recordando sus pecados pasados, sus heridas emocionales y los abusos que se han cometido con él. Esta clase de pensamientos se han infiltrado en el cristianismo de hoy. Sin embargo, el apóstol Pablo nos dijo que debíamos enfocar nuestros pensamientos en lo que es correcto y honorable, y no en los pecados de las tinieblas (Ef. 5:12).

La forma en que pensamos

Para daros algunos datos al respecto, permitidme resumir lo que la Escritura dice acerca de nuestros patrones de pensamiento antes, en el momento y después de la salvación.

Al hablar de la humanidad sin redimir, el apóstol Pablo escribe lo siguiente: «Y como ellos no tuvieron a bien el reconocer a Dios, Dios los entregó a una mente reprobada, para hacer cosas impropias» (Ro. 1:28). En un tiempo nuestras mentes fueron corruptas. Peor aún, eran también ciegas, pues «el dios de este mundo cegó los pensamientos de los incrédulos, para que no les resplandezca la iluminación del evangelio de la gloria de Cristo, el cual es la imagen de Dios» (2ª Co. 4:4). Como resultado de

45

ello, nuestras mentes estaban comprometidas en pensamientos inútiles (Ef. 4:17). Ciertamente, los impíos tienen el entendimiento entenebrecido y están excluidos de la vida de Dios, a causa de la ignorancia que hay en ellos (v. 18). Puesto que la mente de los perdidos está corrompida, no puede escoger lo que es bueno; como sus pensamientos son vanos no pueden llevar a cabo lo bueno; y puesto que es ignorante, no sabe lo malo que está haciendo. ¡Qué trágica cadena de pensamientos!

La habilidad de pensar clara y correctamente es una gran bendición de Dios. Todo empieza con el Evangelio, que es «poder de Dios para salvación» (Ro. 1:16). El Señor usa el Evangelio para iluminar la mente del incrédulo. En efecto, Pablo dijo que la fe viene por el oír acerca de Cristo (Ro. 10:17). La salvación comienza en la mente de una persona, cuando ésta se da cuenta de la gravedad del pecado y de la obra redentora de Cristo a su favor. El Señor Jesucristo dijo: «Amarás al Señor tu Dios con todo tu corazón, y con toda tu alma, y con todas tus fuerzas, y con toda tu mente» (Lc. 10:27). La salvación requiere una respuesta inteligente: la confianza en la verdad revelada de Dios, la cual por sí misma prueba ser verdadera y razonable.

Recordad lo que dijo el Señor Jesús: «Mirad las aves del cielo, que no siembran, ni siegan, ni recogen en graneros; y vuestro Padre Celestial las alimenta. ¿No valéis vosotros mucho más que ellas?» (Mt. 6:26). Martyn Lloyd-Jones, haciendo un comentario sobre este versículo explica lo siguiente:

«La fe, de acuerdo a las enseñanzas de nuestro Señor... es primeramente pensar... Debemos pasar más tiempo en la observación y la deducción, estudiando las lecciones de nuestro Señor. La Biblia está llena de lógica, y nunca debemos pensar en la fe como algo puramente místico. No nos limitemos a sentarnos en un sillón y a esperar que nos sucedan cosas maravillosas. Esto no es fe cristiana. La fe cristiana es esencialmente pensar. Contemplar las aves del cielo, pensar acerca de ellas y sacar conclusiones. Contemplar las hierbas del campo, los lirios del valle, para meditar en ellos...»

«La fe, si preferís, puede definirse así: Es la insistencia que pone el hombre en pensar cuando todo parece confabularse para intimidarlo y derrotarlo en un sentido intelectual. El problema de la persona de poca fe es que, en lugar de controlar su propio pensamiento, ese pensamiento está controlado por otra cosa, y, como suele decirse, va dando vueltas en círculos. Ésta es la esencia de la preocupación... Eso no es pensar; es más bien ausencia de pensamiento, fracaso en el pensar» (D. Martyn Lloyd-Jones, *The Sermon on the Mount,* vol. 2 [Grand Rapids: Eedermans, 1960], pp.129-130).

Algunas personas asumen que la preocupación es el resultado de pensar demasiado. Realmente, es el resultado de pensar muy poco en la dirección correcta. Si usted sabe quién es Dios y entiende Sus propósitos, promesas y planes, este conocimiento le ayudará a no preocuparse.

La fe no es una autohipnosis psicológica, ni tampoco consiste en vanas ilusiones. Es una respuesta derivada del razonamiento relativo a la verdad revelada que poseemos. Cuando en ejercicio de nuestra fe aceptamos a Cristo como nuestro Señor y Salvador, nuestras mentes son transformadas. En la regeneración recibimos una nueva mente o manera de pensar. Los pensamientos divinos y sobrenaturales se introducen en nuestros patrones humanos de pensamiento.

«Así tampoco nadie conoce las cosas de Dios, sino el Espíritu de Dios. Y nosotros no hemos recibido el espíritu del mundo, sino el Espíritu que proviene de Dios, para que sepamos lo que Dios nos ha otorgado gratuitamente» (1ª Co. 2:11, 12). En otras palabras, por ser moradas del Espíritu Santo, tenemos a nuestra disposición los pensamientos de Dios.

Sin embargo, puesto que vivimos en un mundo caído, nuestras mentes renovadas necesitan continuamente de limpieza y renovación. El Señor Jesús dijo que el principal instrumento de Dios para purificar nuestros pensamientos es Su Palabra (Jn. 15:3). Pablo reiteró muchas veces este concepto:

• Romanos 12:1, 2: «Así que, hermanos, os exhorto por las misericordias de Dios, a que presentéis vuestros cuerpos como sacrificio vivo, santo, agradable a Dios, que es vuestro servicio de adoración espiritual. No os adaptéis a las formas de este mundo, sino transformaos por medio de la renovación de vuestra mente, para que comprobéis cuál es la voluntad de Dios: lo bueno, lo que le agrada, y lo perfecto.»

• Efesios 4:23: «… os renovéis en el espíritu de vuestra mente».

• Colosenses 3:10: «… y revestido del nuevo, el cual conforme a la imagen del que lo creó se va renovando hasta el conocimiento pleno».

• 1ª Tesalonicenses 5:21: «Examinadlo todo; retened lo bueno.»

El Nuevo Testamento nos llama a la disciplina mental del pensamiento correcto. Pablo dijo: «Poned la mira en las cosas de arriba, no en las de la tierra» (Col. 3:2).

Además, Pedro escribió: «Por lo cual, estad preparados para la acción, sed sobrios, y esperad por completo en la gracia que se os traerá en la revelación de Jesucristo» (1ª P. 1:13).

Pensad cuán a menudo Pablo dijo en sus cartas: «Porque no quiero, hermanos, que ignoréis...» (Ro. 11:25; 1ª Co. 10:1; 2ª Co. 1:8; 1ª Ts. 4:13, KJV) y «¿O ignoráis...? ¿No sabéis...? ¿O no os conocéis...? (Ro. 6:3, 16; 1ª Co. 3:16; 2ª Co. 13:5, KJV). El apóstol deseaba fervientemente que los creyentes aprendiésemos a pensar correctamente. El mismo Señor Jesús usó a menudo el término traducido como «pensar» para ayudar a Sus oyentes a tener un punto de mira correcto (Mt. 5:17; 18:12; 21:28; 22:42).

En qué debemos pensar

¿Cuál es el punto de mira correcto? En todo lo que es verdadero... respetable... justo... puro... amable... de buena reputación... (Fil. 4:8).

Cosas verdaderas

En la Palabra de Dios encontraremos lo que es verdadero. El Señor Jesús dijo: «Santifícalos en tu verdad; tu palabra es verdad» (Jn. 17:17; ver también Sal. 119:151). La verdad es también Cristo mismo, «conforme a la verdad que está en Jesús», dijo Pablo en Efesios 4:21. Para permanecer en la verdad necesitamos meditar en la Palabra de Dios y poner los ojos en Jesús, «el autor y consumador de [nuestra] fe» (He. 12:2).

Cosas respetables

La palabra griega que se usa aquí, se traduce literalmente como «honorable» y se refiere a aquello que es noble y digno de respeto. Hemos de meditar en todo lo que es digno de nuestro respeto y adoración –lo sagrado es contrario a lo profano.

Cosas justas

El término «justo» habla de justicia. Nuestros pensamientos han de estar en perfecta armonía con las normas divinas, eternas e inmutables de nuestro Santo Dios, como está revelado en la Escritura. El pensamiento correcto siempre es consistente con la santidad absoluta de Dios.

Cosas puras

«Puro» se refiere a algo que es moralmente limpio y sin contaminación. Hemos de pensar en aquello que es limpio y sin mancha, y vivir una vida de absoluta pureza.

Cosas amables

Esta palabra griega está presente solamente aquí en el Nuevo Testamento y significa «agradable». Esto implica que hemos de enfocar nuestros pensamientos en todo lo que es grato, deleitoso y lleno de gracia.

Cosas de buena reputación

«Honorable» se refiere principalmente a algo digno de veneración por parte de los creyentes, pero la expresión «de buena reputación», habla más de las virtudes universalmente reconocidas y alabadas tales como el valor y el respeto por los demás.

Lo que Pablo quiere decirnos esencialmente es: «Puesto que hay tantas cosas dignas y excelentes, por favor, enfocad vuestra atención en ellas.» Al hacerlo, se verán afectadas nuestras decisiones (como ver programas de televisión, la lectura de libros o revistas) y también lo que decimos (por ejemplo, a nuestros familiares y compañeros

50

de trabajo). Esto demuestra fehacientemente que los pensamientos afectan a nuestros deseos y a nuestra conducta.

¿Cómo se aplican todas estas enseñanzas tan útiles al problema del temor y la ansiedad? Jay Adams nos da este práctico consejo:

«Siempre que se dé cuenta de que su mente se está adentrando en territorio prohibido (y puede tener la seguridad de que lo hará –al principio más frecuentemente, hasta que la frene y aprenda a disciplinarla...) cambie la dirección de su pensamiento. No permita que un pensamiento impuro e indeseable anide un solo minuto en su mente. En lugar de ello, pídale fervientemente a Dios que le ayude a enfocar otra vez su mente en aquellas cosas que menciona Pablo en Filipenses 4:8, 9. En poco tiempo, será capaz de decir: "Si paso por una experiencia de temor, ¿qué problema hay? Resulta incómodo y desagradable, lo sé, pero saldré triunfante de ella –como siempre lo he hecho antes." Cuando pueda pensar honestamente de esta manera sin estar ansioso, sabrá que en su mente se ha producido un cambio importante» (*What Do You Do When Fear Overcomes You?*, pamphlet [Phillipsburg, N.J.: P & R, 1975]).

PRACTIQUE AQUELLO QUE HA OÍDO PREDICAR

Todo este patrón de pensamientos piadosos han de llevarle a un fin práctico. Pablo lo dice de la siguiente manera: «Lo que aprendisteis y recibisteis y oísteis y visteis en mí, ponedlo por obra; y el Dios de la paz estará con vosotros» (Fil. 4:9).

Las palabras de Pablo hablan de una acción repetitiva o continua. Cuando decimos que alguien está practicando con el violín, queremos decir que esa persona está trabajando activa y constantemente para mejorar su habilidad. Si decimos que un doctor o un abogado tienen práctica, nos referimos a su rutina profesional. De forma similar, la palabra que se usa aquí hace referencia al patrón de vida o conducta de una persona.

La Palabra de Dios cultiva las actitudes, los pensamientos y las acciones piadosas, las cuales evitan que nos veamos desbordados por las dificultades y las tentaciones. Para entender la relación que hay entre las tres, consideremos esta analogía: Si alguien que está a punto de violar la ley ve a un oficial de policía, evitará cometer el delito. De igual forma, las actitudes y pensamientos piadosos producidos por la Palabra de Dios, actúan como un oficial de policía para frenar a la carne antes de que cometa un delito contra las normas de la Palabra de Dios. Ahora bien, si estos pensamientos y actitudes no están cumpliendo con su deber, no pueden poner un freno a la carne, la cual queda en libertad para violar la ley de Dios.

Las actitudes y los pensamientos correctos deben preceder a las prácticas correctas. Solamente las armas espirituales serán capaces de ayudarnos en nuestra guerra contra la carne (2ª Co. 10:4). Si evitamos la ansiedad por medio de la oración, haciendo además algunos ajustes en nuestros pensamientos y actitudes, podremos poner por obra el consejo de la Palabra de Dios, llevando «cautivo todo pensamiento a la obediencia a Cristo» (v. 5).

A su vez, una conducta pura produce paz y estabilidad espiritual. El profeta Isaías dijo: «Y el resultado de la justicia será la paz; y el producto de la rectitud, tranquilidad y seguridad para siempre» (Is. 32:17). Santiago también escribió estas palabras: «Pero la sabiduría que es de lo alto es primeramente pura, después pacífica, condescendiente, benigna, llena de misericordia y de buenos frutos, sin incertidumbre ni hipocresía. Y el fruto de justicia se siembra en paz para aquellos que hacen la paz» (Stg. 3:17, 18).

Pablo dijo: «Lo que aprendisteis y recibisteis y oísteis y visteis en mí, ponedlo por obra; y el Dios de la paz estará con vosotros» (Fil. 4:9).

La vida de Pablo era un ejemplo del fruto espiritual de la paz, el gozo, la humildad, la fe y la gratitud. Él permanecía en aquello que era verdadero, respetable, justo, puro, amable y de buena reputación. Por lo tanto, no tenía vergüenza de decirles a las personas que le conocían, que practicaran aquellas cosas que habían visto en su vida.

Hoy día tenemos el Nuevo Testamento como el patrón divino para nuestra conducta. Sin embargo, esto no significa que aquellos que predican y enseñan el Nuevo Testamento, tengan permiso para vivir de la forma que quieran. Aunque ninguno de nosotros somos apóstoles, nuestras vidas han de ser dignas de imitar, o de otro modo nos estaremos descalificando a nosotros mismos del ministerio cristiano. Como creyentes debemos probar que somos «hacedores de la palabra, y no tan solamente oidores» (Stg. 1:22). Nunca se exponga al ministerio de alguien cuyo estilo de vida no pueda respetar.

Finalmente, dice Pablo que «el Dios de la paz estará con vosotros». Éstas son las palabras finales para el tema de la estabilidad espiritual en medio de las pruebas y dificultades. Para poder evitar la ansiedad por medio de la oración tenemos que hacer un giro total, hasta volver a nuestro punto de partida original. Cuando seguimos esta práctica, sabemos que «la paz de Dios, que sobrepasa a todo entendimiento, guardará vuestros corazones y vuestros pensamientos en Cristo Jesús» (v. 7). No hay mejor defensa y resguardo para cualquier clase de preocupación.

3

Echando vuestra ansiedad sobre Dios

El apóstol Pedro era un hombre preocupado. Se angustiaba porque pensaba que iba a ahogarse, aun cuando el mismo Señor Jesús estaba allí con él (Mt. 14:29-31). Preocupado por lo que podía ocurrirle al Señor en el Jardín de Getsemaní, sacó su espada y atacó a un soldado romano (Jn. 18:2, 3, 10) –¡la preocupación nunca es inteligente! Cuando Pedro estaba preocupado porque el Señor Jesús iba a ser crucificado, le *ordenó* –al Dios Todopoderoso– que no fuese a la cruz (Mt. 16:22). ¡Se necesita coraje para hacer algo así! Sin embargo, aunque Pedro tenía problemas con la ansiedad, aprendió a manejarla debidamente, y nos ha dejado su consejo:

> «Todos, sumisos unos a otros, revestíos de humildad; porque Dios resiste a los soberbios, y da gracia a los humildes. Humillaos, pues, bajo la poderosa mano de Dios, para que él os exalte a su tiempo; echando toda vuestra ansiedad sobre él, *porque él tiene cuidado de vosotros*» (1ª Pedro 5:5-7).

Para establecer la relación con el contexto, tengamos en cuenta que los versículos del 5 al 14 constituyen la sección final de la primera epístola de Pedro. Se puede titular con propiedad, «Actitudes fundamentales para lograr la madurez espiritual.» Creo que cada cristiano sincero desea ser *maduro y efectivo espiritualmente, y dar de sí todo lo que Dios desea de él.* Es bueno tener tales deseos, pero éstos sólo se cristalizan cuando construimos nuestras vidas sobre ciertos fundamentos. Seguidamente enfocaremos nuestra atención sobre la humildad, pues sin ella no podremos echar todos nuestros cuidados sobre Dios.

DESARROLLEMOS UNA ACTITUD HUMILDE

¿Sabía usted que Dios ha creado una vestimenta que le queda bien a todo el mundo? Recuerdo que cuando estaba en New Orleans, me acometió una vendedora muy agresiva. Quería prácticamente arrastrarme hacia dentro de su tienda, mientras me decía: «¿Por qué no echa una mirada? Tal vez quiera *comprar* algo.» Miré a mi alrededor y sólo vi ropa de mujer. Entonces le dije: «Tengo una regla básica: no compro ropa de mujer para mí, y tampoco la compro para mi mujer, porque puedo llevarle algo que no le vaya bien o que no le guste, y no soy de aquí, por lo cual no podré cambiar el artículo.» Ella me respondió: «Bueno, no importa. Estas prendas quedan bien para cualquier talla.» Yo pensé: *¡Si le llevo a mi esposa algo que le quede bien a todo el mundo, no lo aceptará como un regalo muy personalizado!* Únicamente hay una vestidura que le puede quedar bien a todo el mundo, y ésa es la vestidura de la humildad. Dios desea que todos Sus hijos la usemos.

Humildad hacia los demás

Cuando Pedro dijo: «Y todos, sumisos unos a otros, revestíos de humildad» (1ª P. 5:5), sin duda tenía en mente una imagen específica. El apóstol usó un término griego que significa atar algo a uno mismo con un nudo, y se refiere especialmente a un delantal de trabajo. Un esclavo se ponía un delantal sobre sus ropas, para no ensuciarse al hacer su faena. Esta palabra se ha convertido en sinónimo de un servicio humilde.

La humildad es la actitud por medio de la cual demostramos no ser demasiado buenos para servir a otros, ni tan grandes como para no poder rebajarnos. En el mundo antiguo la humildad no era considerada como una virtud. Lamentablemente en nuestros días estamos pensando de igual manera. Hoy día la gente humilde tiene que soportar las burlas de los demás. El mundo les llama «gallinas», porque la moda de hoy es exaltar el «yo» y el carácter de «supermacho». Sin embargo, Pedro ordena a los creyentes que sean diferentes.

Al dar las instrucciones para que nos pongamos las vestiduras de un esclavo y sirvamos a los demás, es probable que Pedro pensara en su Señor. Recordad el incidente que se registra en Juan 13, donde el Señor Jesucristo «se levantó de la cena, y se quitó su manto, y tomando una toalla, se la ciñó. Luego puso agua en un lebrillo, y comenzó a lavar los pies de los discípulos, y a enjugarlos con la toalla con que estaba ceñido» (vv. 4, 5).

He aquí la escena: Los discípulos estaban listos para empezar a cenar, pero tenían los pies sucios. Esto constituía un verdadero problema, porque antiguamente en el cercano oriente, la gente comía recostada en unos sillones o reclinatorios especiales. En un grupo numeroso de personas, era probable que en dicha posición, los pies de alguien estuvieran casi tocando con la cabeza de otro. Por lo tanto, según la costumbre de aquella época, la persona de rango más bajo de la casa, debía lavar los pies de todos los invitados antes de servir la comida.

Puesto que ninguno de los discípulos se ofreció voluntariamente para hacerlo, el Señor Jesús lo hizo personalmente, dejándonos ejemplo de lo que es el verdadero servicio humilde. Cada vez que atendemos las necesidades de los hermanos sin considerar «demasiado baja» ninguna tarea que tengamos que hacer, estamos vistiéndonos de humildad y sirviendo según el ejemplo del Señor. No esperéis por tanto, a que alguien más se ponga de pie y haga el trabajo más duro o más sucio.

Miremos otro texto instructivo sobre el tema, que se encuentra en Filipenses 2:3-5:

«Nada hagáis por rivalidad o por vanagloria; antes bien en humildad, estimando cada uno a los demás como superiores a sí mismo; no poniendo la mira cada uno en lo suyo propio, sino cada cual también en lo de los otros. Haya, pues, entre vosotros los mismos sentimientos que hubo también en Cristo Jesús.»

Estemos prevenidos: Éste es un desafío para que sepamos considerar a los demás como superiores a nosotros mismos. El orgullo y el egoísmo moran naturalmente dentro del hombre carnal. El Señor Jesús es, como siempre, nuestro máximo ejemplo a seguir. A continuación, Pablo nos dice que Cristo existió desde el principio, en un estado de exaltación con el Padre. Sin embargo, se humilló a Sí mismo hasta el punto de llegar a una muerte vergonzosa para poder servirnos (vv. 6-8). El primer paso para disfrutar de las bendiciones de la humildad consiste en rebajarse para servir aun a aquellos que consideramos indignos.

La humildad hacia Dios

Para respaldar debidamente esta exhortación, Pedro nos da esta cita del Antiguo Testamento: «Dios resiste a los soberbios, y da gracia a los humildes» (1ª P. 5:5; referencia a Pr. 3:34). Este versículo nos provee de una buena motivación para ejercitar la humildad. Si somos humildes seremos bendecidos, pero si no lo somos, tendremos que soportar la disciplina del Señor. Como pronto veremos, una de estas bendiciones es precisamente la habilidad para tratar de forma adecuada con la ansiedad.

Sin embargo, en primer lugar vamos a averiguar por qué Dios resiste a los orgullosos. La respuesta es muy sencilla; porque no soporta el orgullo. De acuerdo a Proverbios 6:16: «Seis cosas aborrece Jehová, y aun siete abomina su alma.» ¿Cuál va primera en la lista? «Los ojos altivos» (v. 17), un verdadero retrato del orgullo. Unos pocos capítulos más adelante, la sabiduría declara: «El temor de Jehová es aborrecer el mal; la soberbia y la arrogancia, el mal camino, y la boca perversa, es lo que yo detesto» (8:13).

Dios tiene una buena razón para odiar tanto el orgullo; porque es el pecado que hizo caer a la humanidad y también el defecto fatal del tentador, quien fue el responsable de tal caída y ruina. El orgullo es el sentimiento que impulsó a Lucifer a decir en su corazón:

«Subiré al cielo;
por encima de las estrellas de Dios levantaré mi trono,
y en el monte de la reunión me sentaré,
en el extremo norte;

sobre las alturas de las nubes subiré,
y seré semejante al Altísimo»
(Is.14:13, 14).

La gracia de Dios está reservada para los humildes.

> «Porque así dice el Alto y Sublime, el que habita la
> eternidad, y cuyo nombre es el Santo: Yo habito en la
> altura y la santidad, y con el de espíritu contrito y humilde,
> para reavivar el espíritu de los humildes, y para vivificar
> el corazón de los quebrantados» (57:15).

Dios vive en un lugar exaltado. ¿Quién vive allí con
Él? Ni el altivo ni el poderoso, sino el humilde.

Dios concluye Su mensaje a Isaías diciendo: «Miraré
a aquel que es pobre y humilde de espíritu, y que tiembla
a Mi palabra» (66:2). Dios bendice al humilde, pero
resiste al orgulloso. Me duele ver a la gente afanarse por
arreglar sus vidas y tratar de encontrar alguna solución o
terapia que pueda resolver sus problemas. Sin embargo,
no pueden encontrar liberación alguna. En lugar de experimentar la gracia de Dios, Él tiene que someterlos bajo
Su disciplina, porque son orgullosos.

Pedro nos da este consejo lleno de sabiduría: «Humillaos, pues, bajo la poderosa mano de Dios, para que él
os exalte a su tiempo» (1ª P. 5:6). Después de todo, «Oh
hombre, te ha sido declarado lo que es bueno, y qué pide
Jehová de ti: solamente hacer justicia, y amar misericordia, y caminar humildemente ante tu Dios» (Mi. 6:8). La
clave consiste en no disputar nunca con la sabiduría de
Dios, sino en aceptar humildemente cualquier cosa que
Él traiga a nuestra vida, aceptándola como venida de Su
propia mano.

«La poderosa mano de Dios» es un símbolo muy significativo del Antiguo Testamento, que nos habla sobre el poder de Dios que todo lo controla. La persona humilde se da cuenta de que Dios gobierna todas las cosas y que siempre lleva a cabo Sus propósitos soberanos. Sin embargo, esta actitud no debe extremarse hasta el punto de producir pensamientos fatalistas tales como: «Dios, Tú eres demasiado fuerte para contender contigo. Es inútil dar mi cabeza contra las paredes del universo.» Durante más de 800 años, tal vez nadie ha representado dicha actitud con más pena y dolor que Omar Khayyam en *The Rubaiyat*:

Él maneja las indefensas piezas del juego,
sobre este tablero de noches y días,
moviendo hacia adelante y hacia atrás,
pone en jaque, luego mata, y uno a uno,
los devuelve al lugar de donde vienen.

Él no se cuestiona, ni los pros ni los contras,
de un lado a otro desplaza al jugador,
en movimientos dirigidos por Él,
y entre los que lanzó al campo de juego,
estás tú, Él lo sabe todo sobre ti.

Su dedo se mueve, escribe, y después de haber escrito
sigue moviéndose; ni tu piedad ni tu ingenio,
harán que borre una sola línea,
ni tus lágrimas podrán, hacer que omita
una sola palabra de lo que ya está escrito.
(vv. 69-71).

Sí, Dios es Todopoderoso. Contrariamente a los personajes fantasiosos de algunas películas de ciencia ficción, el Señor es el *único* ser omnipotente. Él es capaz de hacer todo lo que Khayyam escribió y mucho más, pero esa cualidad Suya está armonizada y equilibrada con Su amor. Él tiene cuidado de nosotros. Pronto estudiaremos esta verdad con más detalles.

En la Escritura, la expresión «la poderosa mano de Dios», significa cosas diferentes en épocas diferentes. A veces habla de liberación, como en el Éxodo de Israel de la tierra de Egipto (Éx. 3:20). Otras sirve como un escudo para proteger al creyente durante el tiempo de prueba. En otras ocasiones es una mano que aplica la disciplina.

Mirémoslo en un ejemplo específico en el libro de Job. En medio de terribles sufrimientos, Job agravó su angustia haciendo lo que debía haber aprendido a no hacer jamás: Competir con la sabiduría de Dios y resentirse por lo que la mano de Dios había traído sobre él. Tomaos cierto tiempo para leer y sentir la crudeza de las emociones humanas, que se agitan bajo las palabras de su lamento:

«Clamo a ti, y no me haces caso; me presento *ante* ti, y no me atiendes. Te has vuelto cruel para mí; con tu mano poderosa me persigues. Me alzaste en vilo, me hiciste cabalgar en el huracán, y me disolviste en la tormenta. Pues bien sé que me conduces a la muerte, y a la casa determinada a todo viviente» (Job 30:20-23, NIV).

Tal vez Job se estaba sintiendo como una de las piezas de ajedrez de Khayyam. Aquí, la poderosa mano de Dios no era una mano libertadora, sino una mano que enviaba la prueba, que actuaba como el fuego del refinador de metales para conseguir que la fe de Job fuese como el oro. Contrariamente a las negras expectativas que tenía Job, esto es exactamente lo que aconteció. Una vez que Dios le hubo humillado, Job confesó: «Por tanto, yo hablaba sin discernimiento; cosas demasiado maravillosas para mí, que yo no comprendía... De oídas te conocía; mas ahora mis ojos te ven. Por tanto, retracto mis palabras, y me arrepiento en polvo y ceniza» (Job 42:3, 5, 6, NIV). En otras palabras, Job estaba diciendo: «¡Dios, ahora te veo como nunca te vi antes! He aprendido que mis percepciones son seriamente limitadas, y ahora puedo confiar en Ti implícitamente.»

El ejemplo de Job ha sido registrado para que podamos aprender la misma lección, sin tener que pasar a través de las mismas pruebas. Pablo dijo: «Porque las cosas que se escribieron en el pasado, para nuestra enseñanza se escribieron, a fin de que por medio de la paciencia y de la consolación de las Escrituras, tengamos esperanza.» (Ro. 15:4). Nunca miréis la poderosa acción de la mano de Dios en vuestra vida como un bofetón en el rostro, sino como una ocasión para que florezca la esperanza. Daos cuenta de que Él tiene solamente buenas intenciones para con Sus hijos, y por lo tanto esperad para ver los buenos resultados que surgen de las circunstancias presentes. Una actitud tal no deja lugar para que opere la preocupación.

Pedro dijo que debemos humillarnos bajo la poderosa mano de Dios «para que él os exalte a su tiempo» (1ª P. 5:6). ¿Cuál es el tiempo propicio? Su tiempo, y no el nuestro. ¿Cuándo será? Cuando Él haya cumplido Sus propósitos. Ahora bien, esto parece ser algo vago, pero no hay motivo para preocuparse: Dios tiene un tiempo perfecto. Aun nuestra salvación depende de Su tiempo perfecto. Pablo especifica que la esperanza de la vida eterna fue manifestada «a su debido tiempo» por medio del Señor Jesucristo (Tito 1:2, 3). Confiar en que Dios obrará en Su tiempo perfecto, es una señal de madurez en la vida de todo cristiano.

Cuando llegue Su tiempo, Dios nos exaltará. Pablo usa una palabra griega que habla de levantarnos de nuestra dificultad presente. Para el creyente, aun la peor prueba es sólo temporal. *Recordad esta verdad,* pues al no poder ver que el fin de la lucha está próximo, seréis tentados a pensar que no hay salida. No lo creáis ni por un minuto, Dios promete levantaros y lo hará. (Para más ampliaciones sobre el tema de cómo tratar el desaliento y la duda, ver el libro de John MacArthur, Jr., *How to Meet the Enemy* [Wheaton, Ill.: Victor, 1992]).

¿Cómo hemos de conducirnos hasta que llegue el tiempo prometido de la liberación? Pedro dice: «Humillaos, pues, bajo la poderosa mano de Dios, para que él os exalte a su tiempo; echando toda vuestra ansiedad sobre él, porque él tiene cuidado de vosotros» (1ª P. 5:6, 7).

APRENDIENDO A CONFIAR

La humildad requiere una gran confianza en el cuidado de Dios. No puedo humillarme bajo la presión de la mano de Dios, si no creo que Él cuida de mí. Pedro dijo que debíamos depositar nuestra confianza en Él. La base para esa confianza es el cuidado amoroso que Dios ha mostrado reiteradamente en nuestras vidas. Tal vez tengamos que decir: «Señor, esto es muy difícil… y estoy teniendo serias dificultades en atravesar esta prueba, pero entrego todo el asunto en Tus manos porque sé que Tú tienes cuidado de nosotros.» Esta actitud demuestra que estamos echando nuestra ansiedad sobre Él.

La palabra que se traduce por «echar» significa arrojar

algo sobre alguien, como una manta sobre el lomo de un animal (ver Lucas 19:35). Tomad toda vuestra ansiedad –todo el descontento, el desánimo, la desesperación, las dudas, el dolor y el sufrimiento que estáis atravesando– y arrojadlo todo sobre Dios, cambiándolo por la confianza de saber que Él cuida de vosotros.

El personaje de Ana es una ilustración muy oportuna de alguien que echó su carga sobre el Señor. Esta mujer del Antiguo Testamento no podía tener hijos, cosa muy desfavorable para una judía de aquella época. El primer libro de Samuel nos dice lo que hizo esta mujer con su problema:

«Ella, con amargura de alma, oró a Jehová y lloró abundantemente. E hizo voto, diciendo: "Jehová de los ejércitos, si te dignas mirar a la aflicción de tu sierva, y te acuerdas de mí, y no te olvidas de tu sierva, sino que das a tu sierva un hijo varón, yo lo dedicaré a Jehová todos los días de su vida..."»

«Mientras ella oraba así reiteradamente delante de Jehová, Elí [el sacerdote] estaba observando la boca de ella. Pero Ana hablaba en su corazón, y solamente se movían sus labios, y su voz no se oía; y Elí la tuvo por ebria. Entonces le dijo Elí: "¿Hasta cuándo estarás ebria? Digiere tu vino." Y Ana le respondió diciendo: "No, señor mío; yo soy una mujer atribulada de espíritu; no he bebido vino ni licor, sino que he derramado mi alma delante de Jehová. No tengas a tu sierva por una mujer impía; porque por la magnitud de mis congojas y de mi aflicción he hablado hasta ahora."»

«Elí respondió y dijo: "Ve en paz, y el Dios de Israel te otorgue la petición que le has hecho." Y ella dijo: "Halle tu sierva gracia delante de tus ojos." Y se fue la mujer por su camino y comió, y no estuvo más triste» (1:10-18).

¿Qué le sucedió a esta mujer? ¿Por qué no estuvo más triste? Sus circunstancias no habían cambiado, pero *ella cambió* al haber echado su carga sobre el Señor. Poco después, Dios la bendijo con un hijo, Samuel, quien fue un gran hombre de Dios. También le dio otros tres hijos y dos hijas. Ana es una prueba real: si nos humillamos bajo la poderosa mano de Dios, echando toda nuestra ansiedad sobre Su cuidado amoroso, Él nos exaltará a Su tiempo debido.

No tengo duda de que cuando escribió esta primera epístola, Pedro tenía en mente el Salmo 55:22: «Echa sobre Jehová tu carga, y él te sustentará; no dejará para siempre caído al justo.» Ahora bien, esto no significa que en aquellas ocasiones en que sentimos que tiembla el suelo bajo nuestros pies, no nos sintamos decaídos o desanimados. Pensad en cómo se habrá sentido Ana cuando el sacerdote la acusó de estar ebria. A veces ocurre que cuando estamos soportando grandes cargas, que ya en sí mismas son demasiado pesadas para sobrellevar, la gente nos trata sin ninguna sensibilidad, arrojando de este modo un peso adicional sobre nosotros. Sin embargo, debemos actuar con la misma gracia con la que actuó Ana y encontrar alivio a través de la oración dirigida a Dios, que tiene cuidado de nosotros.

Si necesitáis recordar ahora o en cualquier ocasión que Dios realmente cuida de vosotros, entonces rememorad las palabras que dijo el Señor Jesús en el Sermón del Monte: Puesto que Él viste hermosamente los lirios del valle, ¿no pensáis que os vestirá a vosotros? Y si Él alimenta fielmente a los pajarillos, ¿no creéis que también os alimentará a vosotros? La madurez espiritual comienza con estos fundamentos: una actitud de humildad hacia Dios y los demás, y la confianza en el cuidado de nuestro Padre.

¿Qué representa en realidad esa actitud de confianza cuando estamos tratando con el problema del temor y la ansiedad? Veamos nuevamente lo que dice Jay Adams al respecto:

> «No trate de parar el miedo o la preocupación. Dígale a Dios en sus propias palabras [y con toda sinceridad], algo así: "Señor, tengo otro ataque de miedo [o de preocupación], pero voy a dejarlo en tus manos." Pedro quería decir algo similar cuando escribió estas palabras: "Echando toda vuestra ansiedad sobre él, porque él tiene cuidado de vosotros» (1ª P. 5:7). Entonces, haga sus planes y siga adelante con cualquier cosa que Dios le dé para hacer. Llene su mente con preocupaciones por otras personas y exprese su amor en todo lo que haga (*What Do You Do When Fear Overcomes You?*, pamphlet [Phillipsburg, N.J.: P & R, 1975]).

Una oración encontrada en un pequeño devocional que apareció en Europa hace unos 500 años, nos prepara para seguir adelante con este consejo. La autoría del manual se atribuye a Thomas Kempis y se titula *The Imitation of Christ* (La imitación de Cristo):

> «Oh Señor… más grande es Tu ansiedad por mí (Mt. 6:30; Jn. 6:20), que todo el cuidado que puedo tener yo por mí mismo. Pues aquel que no echa su ansiedad sobre Ti, tiene una posición muy tambaleante» (1ª P. 5:7).

«Oh Señor, si tan sólo mi voluntad permaneciese recta y firme para Contigo, hazme lo que Tú quieras. Pues de Ti no puede venir nada más que lo que es bueno. Si deseas que esté en la oscuridad, bendito seas; y si deseas que esté en la luz, seas nuevamente bendito. Si te complaces en consolarme, seas bendito; y si quieres que esté afligido, seas Tú igualmente bendito» (traducido por Geoffrey Cumberlege, Oxford University Press, n.d.).

4

Viviendo una vida de fe y confianza

George Müller sabía mucho sobre la fe –de la mejor forma en que se puede saber: Vivía por fe. Su juventud transcurrió en la impiedad. Cuando tenía veinte años, edad en que se convirtió a Cristo, ya había cumplido una sentencia en la cárcel. Entonces, sus intereses y su actitud cambiaron diametralmente.

Después de pasar algunos años preparándose para el ministerio, Müller se marchó a Inglaterra para hacer una labor misionera entre el pueblo judío. Cuando él y su esposa se mudaron a la zona del puerto de Bristol en el año 1832, se horrorizaron al ver cantidades de huérfanos viviendo y muriendo en aquellas sórdidas calles, y revolviendo los cubos de basura en busca de comida.

Los Müllers, con una fe inquebrantable en la Biblia, estaban convencidos de que si los cristianos tomaban seriamente la Escritura, no habían límites en sus logros para el Señor. Entonces decidieron proteger, alimentar, vestir y educar a los niños huérfanos y abandonados. Al final de sus vidas, los hogares que establecieron albergaban y cuidaban a más de 10.000 huérfanos. Contrariamente a muchos que hoy día dicen «vivir por la fe», los Müllers sólo le hablaron a Dios acerca de sus necesidades económicas. El Señor siempre les proveyó abundantemente, contestando sus oraciones llenas de gratitud y honrando su humilde espera en Él.

George Müller dijo: «Donde empieza la fe, termina la ansiedad, y donde empieza la ansiedad, termina la fe» (Arthur T. Pierson, *The Wise Sayings of George Müller*, *George Müller of Bristol* [Fleming H. Revell, 1899], p. 437).

Müller vivió una vida ejemplar, y podemos estar convencidos de que hablaba con propiedad. Si hiciésemos un concienzudo estudio sobre lo que dice la Escritura acerca de la ansiedad, veríamos también lo que nos enseña sobre la vida por medio de la fe.

Hebreos 11 y 12 son los capítulos de la Biblia que hablan de la fe. El capítulo 11 nos da una definición general de la fe y una serie de ejemplos del Antiguo Testamento. Como lo vimos en el capítulo anterior con respecto a Job, Dios nos da varios ejemplos del pasado para que tengamos ánimo y esperanza. Estas personas eran seres iguales a nosotros, pero sabían controlar y resolver sus problemas de ansiedad. El capítulo 12 de Hebreos hace un resumen de los principales fundamentos en los que se basa la vida de fe. Como veremos, y contrariamente a lo que muchos piensan hoy día, allí se nos enseña que la fe sirve para algo más que el mero control de las finanzas.

DESPOJÁNDONOS DE TODO PESO

El autor de Hebreos dice que nos despojemos «de todo peso y del pecado que nos asedia, y corramos con paciencia la carrera que tenemos por delante» (He. 12:1). Cuando al principio aprendemos a correr, nos damos cuenta de que tenemos que empezar a correr despacio. Antes de hacer siquiera los primeros cien metros, descubrimos que es imprescindible quitarnos todo peso de encima. El corredor efectivo se deshace de toda su carga y corre lo más aligerado posible.

De forma similar, en la carrera de la fe necesitamos quitarnos cualquier peso que nos haga atrasar en la competición. Hay muchas cosas que pueden demorar nuestra marcha en la vida cristiana: el materialismo, la inmoralidad sexual y la ambición excesiva, son unos pocos ejemplos muy comunes en nuestra sociedad actual. Una de las cosas que el autor de Hebreos tenía en mente era probablemente el legalismo. No olvidemos que se estaba dirigiendo a una audiencia predominantemente judía, que luchaba con el problema de mezclar el judaísmo con el cristianismo. Estos creyentes estaban tratando de correr la carrera cristiana con todas sus ceremonias y rituales judíos a cuestas. Lo que el autor de la epístola quiere decirles es, en esencia, lo siguiente: «Deshaceos de todas esas cosas y corred la carrera de la fe. Vivid por la fe, y no por las obras.»

Muchos cristianos viven aún por las obras. Creen que si hacen ciertas cosas, Dios está obligado a darles «un punto a favor», de modo que dicen: «Esto es maravilloso; fui a un estudio bíblico, tuve un tiempo de meditación en la Palabra, le hice un favor a mi vecino y finalmente asistí a la iglesia.» Si estas cosas se hacen por amor al Señor

Jesucristo, como actos de devoción, son en verdad maravillosas, pero hay muchos cristianos que piensan que de esta manera están reuniendo méritos para ganarse el favor de Dios. En lugar de vivir bajo el legalismo judío, viven bajo el legalismo cristiano.

Otra carga de pecado que nos asedia con mucha frecuencia es la duda. Hay muchos creyentes que afirman con verdadero entusiasmo la verdad de Filipenses 4:19: «Y mi Dios proveerá a todas vuestras necesidades conforme a sus riquezas en gloria en Cristo Jesús.» Sin embargo, cuando vienen las dificultades económicas, se hunden en la angustia. Es precisamente en ocasiones así cuando aparece alguien que dice: «¿No son éstos los que afirman que Dios va a suplir todas sus necesidades?» O creemos que Él lo hará o no, sin importar lo que digamos. Nuestras acciones revelan lo que *realmente* creemos. Cuando nos preocupamos, estamos dudando de que Dios guarde Sus promesas, y estos pensamientos le deshonran.

La Biblia también nos enseña que si damos de nuestros bienes con sacrificio para el Señor, Él nos recompensará (Mt. 6:3, 4). Decimos que creemos en este principio, pero a menudo encontramos que es difícil llevarlo a la práctica. Para ser honestos, muchos de nosotros necesitamos admitir que no creemos tanto en la Palabra de Dios como decimos.

¿Cuál es nuestra protección contra la duda? Pablo dice que sobre todo tomemos el escudo de la fe, con el cual podremos apagar los dardos del maligno (Ef. 6:16). Cuando Satanás nos tira con sus dardos con el propósito de tentarnos, tenemos que detenerlos con el escudo de la fe. En otras palabras, nuestra actitud debe ser firme, enfrentándonos al enemigo y diciéndole: «Satanás, eres un gran mentiroso. Nada de lo que dices es verdad, pero todo lo que Dios dice es verdadero, de modo que voy a creer lo que dice Dios.

Pecamos porque creemos lo que dice Satanás en lugar de creer la Palabra de Dios. Por eso el autor de Hebreos quería que los creyentes a quienes les dirigía esta epístola, se deshicieran de sus dudas y de cualquier otra carga que les estorbara para correr esta carrera con confianza. Estas personas contaban con excelentes ejemplos de hombres que habían vivido la misma vida de fe y habían resultado triunfadores en la carrera cristiana.

MIRAD AL SEÑOR JESÚS

El autor de Hebreos nos indica además que «hemos de poner los ojos en Jesús, el autor y consumador de la fe, el cual por el gozo puesto delante de él soportó la cruz, menospreciando el oprobio, y está sentado a la diestra del trono de Dios» (He. 12:2). El Señor Jesús es el ejemplo más grande de fe que ha existido, porque nadie tenía tanto que perder como Él.

Pablo explica en Filipenses 2:6-8: «... el cual [Jesús], siendo en forma de Dios, no consideró el ser igual a Dios como cosa a que aferrarse, sino que se despojó a sí mismo, tomando forma de siervo, hecho semejante a los hombres; y hallado en su porte exterior como hombre, se humilló a sí mismo, al hacerse obediente hasta la muerte, y muerte de cruz». Nuestro Señor se despojó de Sus prerrogativas divinas y creyó a Dios, quien dijo que no dejaría que Su Santo viera corrupción (Salmo 16:10). Él vino al mundo como un hombre de carne y hueso, llevó los pecados del mundo, y murió en la confianza de que sería resucitado y exaltado nuevamente por el Padre. Su acto de fe permanece insuperable para siempre. Nuestro Señor Jesucristo soportó sufrimientos inimaginables, pero creyó a Dios y obtuvo la victoria. Por esta razón hemos de enfocar nuestro centro de atención en Él.

La frase «puestos los ojos en Jesús», es traducida literalmente como «enfocar los ojos en Jesús sin mirar hacia otro lado». Para lograr cualquier propósito con éxito, es necesario tener un blanco preciso. Cuando mi padre me enseñaba a pegarle bien a una pelota de béisbol, solía decirme: «No puedes pegarle a la pelota a menos que tengas tus ojos fijos en ella en el momento en que viene hacia ti.» Cuando jugábamos al baloncesto me recordaba: «Mantén tus ojos fijos en la canasta.»

También en la vida cristiana nuestro punto de mira debe estar más allá de nosotros mismos. En efecto, cuanto más pronto quitemos los ojos de nosotros mismos, mejor haremos las cosas. En estos últimos años me doy cuenta de que muchas personas se están perjudicando bastante con la preocupación por la psicoterapia y la introspección intensiva. Nos vemos atrapados mirándonos a nosotros mismos. Es como si tratásemos de conducir un coche mirando fijamente a los pedales.

Cuando corremos una carrera no miramos a nuestros pies. Ni siquiera deberíamos mirar a los otros corredores, sino sólo al Señor Jesús. Él es nuestro ejemplo perfecto, «el autor y consumador de la fe». La palabra griega que se traduce por «autor» es *archēgos* , que significa el que originó algo, o el pionero, primogénito, y líder supremo. Cristo es el líder principal de la fe, más grande que cualquier otro ejemplo del capítulo de Hebreos 11, o de cualquier otro registro. Él es el ejemplo perfecto para aquellos que de otro modo se compararían a sí mismos con otros creyentes, codiciando así su fe o sus experiencias.

¿Qué nos espera al final de la carrera de la fe? El gozo y el triunfo. El Señor Jesucristo soportó la cruz «por el gozo puesto delante de Él» (He. 12:2). Cualquier atleta os podrá decir que no hay nada comparable a la emoción de ganar. No es la medalla, la copa o el trofeo en sí, sino la satisfacción de haber ganado, el gozo de la victoria. Para el Señor Jesús fue el gozo de estar nuevamente sentado «a la diestra del trono de Dios» (v. 2).

Finalmente, nuestro gozo y recompensa como creyentes es estar en el cielo con Cristo. Sin embargo, mientras estemos en esta tierra, nos toca luchar y conseguir la victoria sobre la tentación. El gozo del triunfo compensa todas las fatigas de la lucha. Como sabéis, las batallas a las que debemos enfrentarnos son muchas y muy variadas en su naturaleza. He aquí algunas voces familiares, tal vez alguna de ellas pueda identificarse con uno de vosotros: «No es fácil ser cristiano, la gente me ridiculiza en varios sentidos… En el trabajo no me favorecen en nada… Mi profesor de filosofía ataca mis convicciones en medio de la clase… Mi esposa hace que la vida en mi hogar sea un infierno… Ser un cristiano hoy día es más difícil que nunca, porque nos estamos acercando al fin de los tiempos.»

Cada vez oigo a más creyentes hablar de esta forma: «Estamos preocupados por lo que está pasando en el mundo. Si las cosas no cambian con rapidez, nos sumiremos en la ruina.» Estos pensamientos no son propios de un hijo de Dios. No debemos basar nuestras vidas en las noticias, sino en la fe en nuestro Padre Celestial.

Cuando Bulstrode Whitelock se estaba preparando para embarcar como enviado de Oliver Cromwell a Suecia en 1653, se sentía ansioso acerca del estado tumultuoso por el que estaba pasando su nación. Inglaterra acababa de atravesar una guerra civil, y por primera y única vez en su historia, habían ejecutado a su propio rey (Carlos I). El ejército y el gobierno estaban divididos, y también los presbiterianos y los independentistas de Cromwell, dos ramas de los puritanos (herederos espirituales de los reformadores del siglo anterior). Ya era bastante difícil saber en qué dirección iría el país, y mucho más representarlo en el exterior. La noche anterior al viaje, Whitelock caminaba de un lado para el otro. Un siervo de su confianza, notando que su amo no podía dormir, se le acercó después de observarlo durante un rato. Éste fue el diálogo que mantuvieron:

«Por favor, señor, ¿me permitiría hacerle una pregunta?»

«Ciertamente.»

«¿No piensa mi señor que Dios gobernó a este mundo muy bien antes de llegar a él?»

«Sin duda.»

«Entonces, señor, ¿no piensa que también lo podrá gobernar perfectamente cuando usted se vaya del mundo?»

«Por supuesto que sí.»

«Entonces Señor, y por favor, perdóneme, pero ¿no puede confiar en que Dios también gobernará al mundo con toda maestría mientras usted esté en él?»

(Citado en *Three Thousand Illustrations for Christian Service* [Grand Rapids: Eerdmans, 1947], p. 740; cf. Antonia Fraser, *Cromwell The Lord Protector* [New York: Donald I. Fine, 1973], p. 444).

La pregunta de su siervo dejó a Whitelock sin habla. Se fue a la cama, y pronto se durmió plácidamente. Cuando nos entra el temor de sucumbir en el mundo de hoy, deberíamos hacernos esas mismas preguntas, para luego descansar tranquilos dándonos cuenta de que la respuesta es obvia.

El autor de Hebreos conocía bien las muchas preocupaciones que nos asediarían en la carrera cristiana. Por lo tanto, nos ha dejado este consejo: «Considerad, pues, a aquel que ha soportado tal contradicción de pecadores contra sí mismo, para que no desfallezcáis faltos de ánimo. Porque aún no habéis resistido hasta derramar sangre, combatiendo contra el pecado» (He. 12:3, 4). En otras palabras, «No veo que ninguno de vosotros esté sangrando. Estoy seguro de que las pruebas son duras, seguramente no tenéis un trato preferencial por parte del gobierno o de nadie más, pero no habéis sido crucificados como Alguien que yo conozco».

Cuando penséis que vivir la vida cristiana es demasiado difícil, considerad a Aquel que soportó esa hostilidad hasta tal punto que le llevó a la muerte –y daos cuenta de que aún no habéis llegado tan lejos. Teniendo en mente este pensamiento, podréis ejercer un control más eficaz sobre la ansiedad. Cuando empecéis a cansaros de correr la carrera cristiana, poned vuestros ojos en el Señor Jesús. Recordad que Su vida de fe le llevó al gozo y al triunfo, y lo mismo puede ocurrir en vuestras vidas.

ALABE A DIOS AHORA

Como ya he mencionado anteriormente, el gozo de la vida cristiana no queda relegado solamente al futuro. Una gran parte de nuestro porvenir estará dedicada a alabar gozosamente a Dios, y esto es algo que podemos empezar a hacer ahora. Las personas orgullosas no alaban a Dios; están demasiado ocupadas consigo mismas. Las personas humildes le reverencian, y la gratitud fluye de forma natural de sus corazones. En los dos últimos capítulos, hemos escogido y resumido de la Palabra de Dios los beneficios de la humildad y la oración agradecida. Su misión en hacer desaparecer la ansiedad es en verdad eficaz. En la alabanza convergen ambas cosas. La alabanza es, por lo tanto, un arma eficaz con la que contamos en nuestro arsenal espiritual para desarraigar los pensamientos y sentimientos de ansiedad.

El ejemplo de los Salmos

Cierta vez dije en uno de mis mensajes que cualquier cristiano paralizado por la ansiedad debería ser encerrado en una habitación, donde se le diese agua y comida a través de un agujero en la puerta, pero no se le dejase salir hasta que no leyera todo el libro de los Salmos. Estas personas expuestas a esta «terapia de los Salmos» sabrían tanto acerca de Dios que no podrían hacer otra cosa sino alabarle. Recordemos lo que afirma el autor de Hebreos: debemos quitar el punto de mira de nosotros mismos y dirigirlo hacia Dios. La ansiedad no puede sobrevivir en un ambiente donde se respiran alabanzas al Señor.

La importancia de la alabanza es tal en la vida espiritual que el Espíritu Santo nos ha dejado un himnario completo lleno de ella. Los Salmos son hermosos himnos que el pueblo de Israel recitaba y cantaba. Dios deseaba que ellos –y nosotros– le ofreciésemos continuamente las alabanzas de las cuales Él es tan digno. «Bueno es alabarte, oh Jehová, y cantar salmos a tu nombre, oh Altísimo; anunciar por la mañana tu misericordia, y tu fidelidad cada noche» (Sal. 92:1, 2). La alabanza al Señor por la mañana y por la noche, establece el tono espiritual óptimo para nuestras vidas.

Aspectos de la alabanza

¿Qué significa exactamente alabar a Dios? Algunas personas piensan que es cantar una canción. Otras creen que es decir algo así: «¡Gloria a Dios! ¡Aleluya!», o también hay quien afirma que se hace agitando las manos en el aire. Muchos otros afirman que la alabanza consiste en la oración silenciosa. ¿Cuál es la respuesta correcta? De acuerdo a la Biblia, la verdadera alabanza incluye dos cosas.

Expresando los atributos de Dios

La alabanza expresa el carácter de Dios. Algunos creyentes estudian casi exclusivamente el Nuevo Testamento, porque revela muchas verdades que eran misterios en el pasado. Sin embargo, debemos también estudiar diligentemente el Antiguo Testamento, pues en él se revela el carácter de Dios. De esta manera estaremos capacitados para alabarle mejor.

Por ejemplo, Habacuc alabó a Dios por Su carácter porque es santo, todopoderoso, eterno, y porque mantiene el pacto (Hab. 1:12, 13). Esa alabanza resolvió un gran problema en su propio corazón. Habacuc no entendía por qué Dios iba a juzgar a Israel, enviando a los malvados caldeos para conquistarles (1:6-11). El profeta quería que Dios reavivara y restaurara a Su pueblo, pero ellos habían traspasado el límite de Su paciencia.

En medio de su confusión, Habacuc recordó esto: Dios es santo y no comete errores. Dios guarda el pacto, no rompe Sus promesas. Dios es eterno, va más allá de los límites de la historia de la humanidad, pues no tiene principio ni fin. Continuando su alabanza, Habacuc afirmó lo que nosotros hemos aprendido de este capítulo, que «el justo por su fe vivirá» (2:4). A pesar de que las circunstancias no habían cambiado, en seguida se sintió mucho mejor. Dios permitió que los caldeos invadieran a Israel durante un tiempo, pero Habacuc conocía a su Dios y sabía que era fuerte y poderoso para poder gobernar en medio de toda circunstancia.

En lugar de preocuparnos por los problemas que no podemos resolver, deberíamos decir: «Señor, Tú eres más grande que la historia. Eres el dueño del universo, todo te pertenece. Tú puedes hacer cualquier cosa que quieras. Me amas y me has prometido que nunca estaré sin aquellas cosas que necesito. Tú dijiste que así como tienes cuidado de las aves y las flores, tendrías también cuidado de mí. Tú has prometido que Tu carácter y poder están a mi disposición.» Esta clase de alabanza es la que glorifica a Dios.

Expresando las obras de Dios

Los atributos de Dios se manifiestan en Sus obras. Los Salmos relatan multitud de cosas maravillosas que Dios ha hecho por Su pueblo. Ellos le alabaron por haber dividido el Mar Rojo, por hacer fluir agua de la roca, por alimentar con el maná al pueblo de Israel en su viaje a través del desierto, por destruir a sus enemigos, por haber hecho caer los muros de Jericó, y muchas otras obras poderosas.

Después de revaluar su problema, Habacuc comenzó a alabar a Dios por Sus obras, temblando ante el poder manifestado en ellas (3:16). El profeta afirmó que se regocijaría en el Señor aunque todas las cosas se le volviesen en contra (vv. 17, 18). ¿Por qué? Porque Dios ha sido fiel en el pasado. En el Antiguo Testamento abundan las maravillosas obras de Dios. Estas cosas se escribieron para que sepamos que Dios ha sido siempre fiel.

Si tiene algún problema que no sabe cómo resolver, recuerde la alabanza a Dios. Dígale algo así: «Señor, Tú eres el Dios que ha puesto las estrellas y los planetas en el espacio. Tú eres quien ha formado este mundo, separando la tierra del mar. También has hecho la humanidad y todo lo demás que tiene aliento de vida. Aunque la humanidad cayó, Tú hiciste planes para nuestra redención. Tú eres el Dios que levantó una nación y la ha preservado a través de la historia, realizando a su favor maravilla tras maravilla. Tú eres el Dios que vino a esta tierra tomando forma humana, y que luego se levantó de entre los muertos.» Cuando alabamos a un Dios así, podemos apreciar todo lo que Él ha hecho. Entonces nuestros problemas parecen realmente insignificantes.

Esta actitud le glorifica y además fortalece nuestra fe. Para llevarla a cabo, la próxima vez que estéis tentados a preocuparos, leed el libro de los Salmos. Aunque lo que decía anteriormente sobre encerrar a los creyentes en una habitación era una broma, sé que la bendición de leer los Salmos es tan real, que presento un apéndice al final de este libro, titulado «Salmos para los ansiosos». Es una selecta colección resumida de Salmos, ofreciendo aquellas porciones más elocuentes y que mejor nos ayudan a controlar nuestros pensamientos y sentimientos de ansiedad. Tal vez desee encerrarse en una habitación para estudiarlos. ¡Entonces se dará cuenta de la clase de ayuda que tendrá a mano para aumentar su fe y confianza en Dios!

5

Sabiendo que otros desean ayudarnos

Hasta ahora hemos estado examinando un pasaje bíblico específico por capítulo, que es la mejor manera de conocer y aplicar las Escrituras a nuestras propias vidas. Sin embargo, aquí estudiaremos cómo los *demás* pueden ayudarnos en nuestra batalla personal contra la ansiedad. Confío en que también nos servirá para recordar que la vida cristiana no debe ser una carrera solitaria.

El extenso sistema de apoyo de la comunidad cristiana, es uno de los más grandes beneficios de ser un hijo de Dios. Todos somos parte de una familia en la que los unos tienen cuidado de los otros. Pronto veremos cómo la Biblia dice que debemos ayudarnos, y la manera en que dicha ayuda se relaciona con la ansiedad, pero en primer lugar consideraremos lo que nos enseña sobre un grupo de seres que nos ayudan cada día, mucho más de lo que podemos imaginar. Me estoy refiriendo a los ángeles, a quienes el autor de Hebreos describe en el capítulo 1:14 como espíritus ministradores que son enviados para el servicio a favor de los herederos de la salvación. Nosotros, Sus hijos, somos esos herederos de la salvación, por lo tanto, Dios envía a Sus ángeles para ministrarnos a nosotros.

LOS ÁNGELES NOS VIGILAN

Tal vez la palabra *ministrar* os parezca un poco formalista, o tal vez os recuerde a alguien ejerciendo un ministerio muy formal, pero en realidad es un término muy práctico. C. S. Lewis ha ilustrado muy bien esta palabra en su libro clásico para niños *The Lion, the Witch and the Wardrobe* (El león, la bruja y el guardarropa), de las crónicas de las series Narnia. Este relato dice que tres niños, después de un fatigoso viaje por las regiones malditas del invierno, y guiados por la Bruja Blanca, alcanzaron finalmente el séquito real de Aslan, el poderoso león Christlike (semejante a Cristo). Aslan toma aparte a uno de los niños para hablar con él, pero antes de hacerlo sacude su melena, da una palmada con sus enormes y aterciopeladas manos y ordena: «Señoras, tomad a estas Hijas de Eva, llevadles al pabellón y ministrad para ellas» (New York: Macmillan, 1970, p. 125). De esta forma, los cansados viajeros recibieron descanso y comida. Lo mismo nos ocurre a nosotros en manos de aquellos seres que nos ministran cumpliendo órdenes de Dios en nuestro viaje por este mundo.

Recientemente mi iglesia y yo nos embarcamos en un estudio sobre Dios, Satanás y los ángeles. Lo que me impresionó más vivamente fueron los pasos que Dios ha tomado por medio del ministerio de los ángeles, para que Sus hijos estén seguros. Fue una lección que aprendí y que

84

siempre tendré en cuenta. En Su Palabra, Dios detalla cómo los ángeles nos socorren, y nos ayudan en muchos de los temores y ansiedades que tenemos sobre los accidentes, enfermedades u otras clases de peligros. Es emocionante ver el tremendo control soberano que Dios ejerce sobre todo el universo, a través de Su poder creativo, el cual incluye a los seres angélicos.

En su libro *Angels: God's Secret Agents,* la actitud de Billy Graham refleja una saludable perspectiva, muy necesaria al hacer un estudio sobre los ángeles:

«Estoy convencido de que estos seres celestiales existen y nos proporcionan una ayuda invisible. No creo en los ángeles porque alguien me haya hecho el dramático relato de alguna visita angelical, por impresionantes que tan raros testimonios puedan ser. No creo en los ángeles porque los OVNIS hayan tenido un sorprendente aspecto de ángeles en algunas de las apariciones que han sido reportadas. No creo en los ángeles porque los expertos de la PES estén haciendo que el mundo de los espíritus parezca cada vez más plausible. No creo en los ángeles porque en el mundo se le haya dado de pronto tanta atención a la realidad de Satanás y los demonios. No creo en los ángeles porque yo haya visto alguno, porque no lo he visto.

Creo en los ángeles porque la Biblia dice que hay ángeles; y creo que la Biblia es de verdad la Palabra de Dios» ([New York: Doubleday, 1975], pp. 14, 15).

Algunas de las muchas cosas que los ángeles hacen a nuestro favor son guiarnos, proveernos, protegernos, librarnos, facilitarnos las cosas y servirnos.

Su guía

El Espíritu Santo guía al creyente en su interior, mientras que los ángeles le guían en el aspecto exterior.

Cuando Felipe el evangelista predicaba a las multitudes en Samaria, «un ángel del Señor habló a Felipe, diciendo: "Levántate y ve hacia el sur, al camino que desciende de Jerusalén a Gaza." Es un desierto. Él se levantó y fue. Y sucedió que un etíope, eunuco, alto funcionario de Candace, reina de los etíopes, el cual estaba a cargo de todos sus tesoros, había venido a Jerusalén para adorar» (Hch. 8:26, 27). Felipe tuvo una maravillosa conversación con él y finalmente le llevó a los pies de Cristo (vv. 29-39). El ángel guió a Felipe de un ministerio a otro. Los ángeles también hacen lo mismo por nosotros hoy día.

Su provisión

Cuando el profeta Elías oyó que la malvada reina Jezabel iba tras él porque los sacerdotes paganos a su servicio habían sido muertos, tuvo miedo y huyó (1 R. 19:1-3).

«[Elías] se fue por el desierto un día de camino, y vino y se sentó debajo de un enebro; y deseando morirse, dijo: "Basta ya, oh Jehová, quítame la vida, pues no soy yo mejor que mis padres." Y echándose debajo del enebro, se quedó dormido; y he aquí luego un ángel le tocó, y le dijo: "Levántate, come." Entonces él miró, y he aquí a su cabecera una torta cocida sobre las ascuas, y una vasija de agua; y comió y bebió, y volvió a dormirse. Y volviendo el ángel de Jehová la segunda vez, lo tocó, diciendo: "Levántate y come, porque largo camino te resta." Se levantó, pues, y comió y bebió; y fortalecido con aquella comida, caminó cuarenta días y cuarenta noches...» (vv. 4-8).

Un ángel proveyó sostenimiento para el profeta que en aquellos momentos estaba física y emocionalmente agotado. Esto resulta especialmente consolador, en particular cuando estamos en una situación que nos hace sentir tan mal como se sintió Elías. Es posible que los ángeles nos hayan ministrado de la misma forma, sin que nosotros nos diésemos cuenta. Hebreos 13:2 dice que algunos sin saberlo han hospedado ángeles. Quizás alguna vez lo hayamos hecho y ellos nos hayan devuelto el favor.

Su protección

Los ángeles también protegen al pueblo de Dios de peligros físicos. En el libro de Daniel tenemos dos ejemplos bien notables, en los que un ángel protegió a los tres amigos de Daniel, Sadrac, Mesac y Abed-nego de quemarse en el horno de fuego, y a Daniel de ser atacado por los leones (Dn. 3:28; 6:22).

Hay otro hermoso ejemplo que se encuentra en el Nuevo Testamento. Cuando el apóstol Pablo iba atravesando el Mar Mediterráneo para comparecer en el juicio en Roma, su barco se encontró en medio de una tormenta tan terrible que los miembros de la tripulación «al día siguiente empezaron a aligerar la nave, y al tercer día con nuestras propias manos arrojamos los aparejos de la nave. Y no apareciendo ni sol ni estrellas por muchos días, y acosados por una tempestad no pequeña, ya se fue perdiendo toda esperanza de salvarnos» (Hch. 27:18-20).

Aquel era un momento muy oportuno para la intervención angélica. «Entonces Pablo, como hacía ya mucho que no comíamos, puesto en pie en medio de ellos, dijo: "Debíais, oh varones, haberme hecho caso, y no zarpar de Creta tan sólo para recibir este perjuicio y pérdida. Pero ahora os exhorto a tener buen ánimo, pues no habrá ninguna pérdida de vida entre vosotros, sino solamente de la nave. Porque esta noche ha estado conmigo el ángel del Dios de quien soy y a quien sirvo, y me ha dicho: Pablo, no temas; es menester que comparezcas ante César; y mira, Dios te ha concedido todos los que navegan contigo."» (vv. 21-24). Mientras aquel barco se bamboleaba como una cáscara de nuez en medio del mar embravecido, debía haber una legión de ángeles protegiendo a cada uno de los que iban a bordo. En efecto, el mar destruyó el barco, pero todos los que iban en él pudieron llegar sanos y salvos a la orilla. Todo sucedió tal como el ángel había dicho.

Los ángeles de Dios protegen a Su pueblo, y a veces estos ángeles guardan graciosamente a otros que están en medio de los hijos de Dios, y que no conocen al Señor Jesús como su Salvador. Los ángeles cuidan de nosotros cuando vamos conduciendo por la autopista, y también protegen a nuestros hijos. Puesto que sé que Dios tiene a Sus ángeles cuidando y vigilando a mis hijos, no me angustio por su seguridad, porque los ángeles pueden hacer por ellos mucho más de lo que podría hacer yo mismo, aunque estuviese a su lado.

Su liberación a nuestro favor

Esta palabra no se refiere a prevenir la dificultad, sino a sacar a la gente de ella. En sus principios, la iglesia experimentó un crecimiento tremendo a causa de la predicación de los apóstoles. Cuando los líderes de Israel se sintieron amenazados por la popularidad de la iglesia, decidieron encarcelar a los apóstoles. «Mas un ángel del Señor, abrió de noche las puertas de la cárcel y, sacándolos, dijo: Id, y puestos en pie en el templo, hablad al pueblo todas las palabras de esta vida. Pero cuando llegaron los alguaciles, no los hallaron en la cárcel; entonces volvieron e informaron, diciendo: Por cierto, hemos hallado la cárcel cerrada con toda seguridad, y los guardias afuera de pie ante las puertas; mas cuando abrimos, a nadie hallamos dentro» (Hch. 5:19-23, SCO). ¿Cómo pudieron salir? El ángel les sacó. Es emocionante saber que nunca podremos meternos en una situación, por difícil que sea, de la que Dios no pueda sacarnos si él así lo desea. Permitamos que esta verdad nos ayude a que nuestras ansiedades se desvanezcan, especialmente en aquellas situaciones que más tememos.

La persecución de la que fue objeto la iglesia primitiva se intensificó rápidamente. Santiago fue ejecutado, y Pedro fue hecho prisionero (12:2-4). Aquella noche tenía que ser ejecutado:

«Estaba Pedro durmiendo entre dos soldados, sujeto con dos cadenas, y los guardias delante de la puerta custodiaban la cárcel. Y he aquí que se presentó un ángel del Señor, y una luz resplandeció en la celda; y tocando a Pedro en el costado, le despertó, diciendo: Levántate pronto. Y las cadenas se le cayeron de las manos. Le dijo el ángel: Cíñete, y cálzate las sandalias. Y lo hizo así. Y le dijo: Envuélvete en tu manto, y sígueme. Y saliendo, le seguía; pero no sabía que era verdad lo que hacía el ángel, sino que le parecía que veía una visión. Habiendo pasado la primera y la segunda guardia, llegaron a la puerta de hierro que daba a la ciudad, la cual se les abrió por sí misma; y salidos, avanzaron por una calle, y de repente el ángel se ausentó de él. Entonces Pedro, volviendo en sí, dijo: Ahora sé verdaderamente que el Señor ha enviado su ángel, y me ha arrebatado...» (Hch. 12:6-11, SCO).

Pensad en la constante actividad de Dios y Sus ángeles en las vidas de todo el pueblo al que se refiere Hebreos 11. Liberaron a Gedeón, Barac, Sansón, Jeftá, David, Samuel y los profetas «quienes, mediante la fe, conquistaron reinos, hicieron justicia, alcanzaron promesas, taparon bocas de leones, apagaron fuegos impetuosos, escaparon del filo de la espada» (vv. 33, 34, SCO). A través de la historia, los ángeles han servido al pueblo de Dios, protegiéndolo y liberándolo de todo tipo de situaciones, y esto incluye también la historia contemporánea.

Facilitando las respuestas a la oración
Los ángeles no contestan nuestras oraciones, pero pueden facilitarnos las respuestas de Dios. El ángel que sacó a Pedro de la prisión lo hizo en respuesta a la ferviente oración de la iglesia (Hch. 12:5). Dios envió al ángel para liberar a Pedro en respuesta a sus oraciones. En Daniel 9 y 10 hay otros ejemplos de Dios enviando un ángel en respuesta a la oración.

Su servicio
Durante el reino milenial, los ángeles nos servirán cuando gobernemos sobre esta tierra. Pablo dijo: «¿O no sabéis que los santos han de juzgar al mundo?... ¿O no sabéis que hemos de juzgar a los ángeles?» (1ª Co. 6:2, 3). En el reino venidero gobernaremos sobre la tierra con Cristo como Sus herederos (Ap. 20:4; Mt. 19:28; Ro. 8:17) y los ángeles nos estarán sujetos.

¿Cuál debe ser nuestra actitud hacia los ángeles? Debemos respetarlos como santos siervos de Dios. Hemos de apreciarles, sabiendo que nos ayudan en nuestras dificultades, y debemos de seguir su ejemplo de continua adoración y servicio a Dios.

LOS DEMÁS HERMANOS EN CRISTO
A NUESTRO SERVICIO

Una de las mejores maneras en que podemos combatir la ansiedad, es sirviéndonos los unos a los otros con la misma diligencia con que los ángeles nos sirven a nosotros. ¿Acaso suena esto a imposible? Pues no lo es. El mismo Dios que capacita a los ángeles para servirnos, también nos capacita a nosotros, Sus hijos, para servirnos los unos a los otros. Pablo dijo: «Ahora bien, hay diversidad de dones, pero el Espíritu es el mismo. Y hay diversidad de ministerios, pero el Señor es el mismo. Y hay diversidad de actividades, pero Dios, que efectúa todas las cosas en todos, es el mismo» (1ª Co. 12:4-6, SCO). Dios ha dado una completa variedad de dones a Su iglesia.

Usando nuestros dones

Algunos de los dones eran de una naturaleza temporal, otros son permanentes. Los dones temporales eran los de milagros, sanidades y lenguas. (Describo los dones detalladamente en mi libro *El caos carismático,* [Charismatic Chaos], Grand Rapids: Zondervan, 1992). Los dones permanentes son los siguientes:

•*Profecía* (Ro. 12:6; 1ª Co. 14:3), la habilidad de predicar o proclamar la verdad de Dios a los demás, para edificación, exhortación y consolación.

•*Enseñanza* (Ro. 12:7), la habilidad de enseñar las verdades de la Palabra de Dios.

•*Fe* (1ª Co. 12:9), la habilidad de confiar en Dios sin dudar ni perturbarse en absoluto, no importa cuáles sean las circunstancias. La gente que está especialmente predispuesta a la ansiedad debería tratar de conocer individuos que tengan este don y seguir su ejemplo.

•*Sabiduría* (1ª Co. 12:8), es la habilidad para aplicar la verdad espiritual en la vida diaria. Los creyentes que tienen este don son también buenos ejemplos para los ansiosos.

•*Conocimiento* (1ª Co. 12:8), es la habilidad de entender los hechos, o sea, el aspecto académico de comprender la verdad bíblica.

•*Discernimiento* (1ª Co. 12:10), es la capacidad de distinguir la verdad del error –discernir lo que es de Dios y lo que es un engaño satánico.

• *Misericordia* (Ro. 12:8), es la habilidad de manifestar el amor de Cristo en acciones de bondad.

• *Exhortación* (Ro. 12:8), es la capacidad de animar, aconsejar y consolar a los demás, con la verdad bíblica y el amor cristiano. Los creyentes que estén predispuestos a la ansiedad, necesitan ser lo suficientemente humildes para escuchar y valorar lo que estas personas tienen que decir.

•*Dar* (Ro. 12:8), es la habilidad de proveer para la obra de Dios y para otros que tienen dificultades para suplir sus propias necesidades materiales. Emana de la necesidad de consagrar todas las posesiones materiales al Señor.

• *Administración* (Ro. 12:8; 1ª Co. 12:28), es la capacidad de organizar y guiar a los demás hermanos en los asuntos espirituales. También se conoce como el don de gobernar.

• *Ayuda* (Ro. 12:7; 1ª Co. 12:28), es la habilidad de servir fielmente de forma anónima, ayudando a la obra del ministerio de forma práctica.

Todos los dones espirituales son dados por Dios para la edificación de la iglesia (1ª Co. 14:26). Mis dones no son para mi beneficio, y vuestros dones no son para el vuestro. Debemos edificarnos los unos a los otros «hasta que todos lleguemos a la unidad de la fe y del pleno conocimiento del Hijo de Dios, a la condición de un hombre maduro, a la medida de la edad de la plenitud de Cristo» (Ef. 4:13).

La comunión cristiana es un intercambio de cuidados y preocupación mutuos por medio de nuestros dones espirituales. Este intercambio se manifiesta cuando:

- Confesamos nuestras faltas los unos a los otros (Stg. 5:16).
- Nos edificamos los unos a los otros (1ª Ts. 5:11; Ro. 14:19).
- Llevamos los unos las cargas de los otros (Gá. 6:2)
- Oramos los unos por los otros (Stg. 5:16).
- Somos benignos los unos con los otros (Ef. 4:32).
- Nos sometemos los unos a los otros (Ef. 5:21).
- Mostramos hospitalidad los unos a los otros (1ª P. 4:9).
- Nos servimos los unos a los otros (Gá. 5:13; 1ª P. 4:10).
- Nos consolamos los unos a los otros (1ª Ts. 4:18; 5:11).
- Nos restauramos los unos a los otros (Gá. 6:1).
- Nos perdonamos los unos a los otros (2ª Co. 2:7; Ef. 4:32; Col. 3:13).
- Nos amonestamos los unos a los otros (Ro. 15:14; Col. 3:16).
- Nos enseñamos los unos a los otros (Col. 3:16).
- Nos exhortamos los unos a los otros (He. 3:13; 10:25).
- Nos amamos los unos a los otros (Ro. 13:8; 1ª Ts. 3:12; 4:9; 1ª P. 1:22; 1ª Jn. 3:11, 23; 4:7, 11).

El amor es la clave para un ministerio eficaz. Donde hay amor, hay también humildad, la cual es un ingrediente esencial en los ministerios mutuos, *y también* una actitud clave para la liberación de la ansiedad. El orgullo y la ansiedad se centralizan en el «yo», mientras que la humildad enfoca su mira en los demás.

Si el orgullo está estorbando vuestro ministerio, concentraos en conocer a Cristo más íntimamente por medio de la oración y el estudio bíblico. Cuanto más entendáis Su poder y gloria, más humildes seréis. Entonces os podréis dar más a los demás, como Cristo se dio a Sí mismo por todos nosotros.

Compartiendo nuestro amor

Así como el cuerpo humano tiene tejidos, músculos, huesos, ligamentos y órganos relacionados entre sí, el cuerpo de Cristo se comprende de miembros que son responsables los unos por los otros. Ningún miembro existe separado del resto del cuerpo. Los pulmones no pueden estar en una habitación y respirar por la persona que está en otra parte de la casa. La salud del cuerpo y su funcionamiento integral dependen de que todos los miembros actúen de forma sincronizada los unos con los otros.

La iglesia no ha de ser solamente un edificio –un sitio donde la gente entre sola, escuche y salga sola– sino un lugar de comunión y compañerismo. En su libro *Dare to Live Now!*, Bruce Larson dice:

«El bar del vecindario es posiblemente la mejor falsificación de la comunión que Cristo desea darle a Su Iglesia. Es una imitación de la misma, sirviendo licor en lugar de gracia y escapando de los problemas en vez de enfrentarse a la realidad de forma debida. Allí nadie se sobresalta por nada, y hay un ambiente bastante democrático. Usted puede confiarle a la gente secretos, que generalmente no los dirán a los demás. El bar no prospera porque la mayoría de asistentes sean alcohólicos, sino porque Dios ha puesto en el corazón humano el deseo se conocer y ser conocido, de amar y ser amado, y muchos buscan algo similar, aunque sea falso, al precio de unas pocas cervezas» ([Grand Rapids: Zondervan, 1965], p. 110).

Esta necesidad de comunión no se satisface simplemente asistiendo a los cultos de los domingos, ya sea que los creyentes se reúnan en grupos pequeños donde todo el mundo se conoce, o en grandes congregaciones donde no ocurre así. En la iglesia de hoy existe una necesidad verdaderamente desesperada de una comunión íntima y personal. Esta comunión, como el ministerio de los dones, es esencial para poder manifestar así una unidad práctica. Encontrar una iglesia que ofrezca una comunión genuina, es de un inmenso valor en nuestra lucha contra la ansiedad.

En la verdadera comunión cristiana, los creyentes no se juzgan los unos a los otros; no se muerden ni se devoran entre ellos, no hablan lo malo, ni murmuran los unos en contra de los otros. Puesto que la verdadera comunión edifica, estos cristianos se reciben los unos a los otros, manifestando un corazón tierno. Se soportan y perdonan entre sí, se sirven y practican la hospitalidad sin murmuraciones, se amonestan, se instruyen, se someten y consuelan los unos a los otros. Ésta es la verdadera comunión del cuerpo de Cristo –la vida en contacto con la vida para acarrear bendición y crecimiento espiritual.

Muy frecuentemente los creyentes se encierran a sí mismos en pequeñas burbujas de vidrio y tratan de parecer supersantos, como si no tuvieran ningún problema o preocupación encima. No desean compartir abiertamente sus pecados con sus compañeros cristianos. No saben lo que significa tener un amigo y hermano creyente que les diga:

«Lo que te ocurre a ti, también me ha ocurrido a mí. Oremos, pues, el uno por el otro.»

Cierto hermano en Cristo me confesó un pecado que cometía con bastante frecuencia, y me prometió confesármelo cada vez que lo cometiera. Después de algún tiempo, me dijo que aquella promesa le ayudó a no volver a cometer ese pecado, porque le daba mucha vergüenza tener que confesármelo. Dietrich Bonhoeffer escribió de forma muy elocuente sobre este privilegio de confesarnos los pecados los unos a los otros:

«El pecado requiere un hombre egoísta, pues tiene la particularidad de separarlo de la comunidad. Cuanto más aislada está la persona, más destructivo será el poder del pecado en su vida, y cuanto más se involucre en él, más desastroso será ese aislamiento. El pecado requiere permanecer en el anonimato. Se oculta de la luz y opera en la oscuridad para envenenar todo el ser. Esto puede ocurrir aun en medio de una comunidad piadosa. En la confesión, la luz del Evangelio irrumpe en la oscuridad y la soledad del corazón. El pecado debe ser traído a la luz. Lo inexpresado ha de hablarse abiertamente y darse a conocer. Todo lo que es secreto y escondido se hace manifiesto. Hasta que el pecado no sea admitido abiertamente, la lucha puede llegar a ser durísima. Pero Dios quebranta las puertas de bronce y desmenuza los cerrojos de hierro.» (Sal. 107:16; *Life Together* [New York: Harper & Row, 1954], p. 112).

Cuando confesamos nuestros pecados los unos a los otros, damos lugar a que se produzca una comunión genuina entre gente que se conoce y que manifiesta el amor de Cristo –que entiende cuáles son las necesidades, ansiedades y tentaciones de los demás. ¡Qué fortaleza hay en esta clase de comunión!

He aquí un principio clave que todas las comunidades cristianas deberían practicar: «Si alguno es sorprendido en alguna falta, vosotros, los que sois espirituales, restauradle con espíritu de mansedumbre, considerándote a ti mismo, no sea que tú también seas tentado» (Gá. 6:1, TLB).

Tomad a tal hermano aparte y decidle: «Permíteme que te enseñe, basándome en la Palabra de Dios, qué es lo que en realidad te sucede. Oremos y andemos juntos por las sendas rectas.» En esto consiste el cuidado restaurador. Si sólo usamos nuestra posición de cristianos para reprender, no hemos cumplido con nuestro cometido. Necesitamos comprender al hermano y restaurarle en amor.

Este versículo es tal vez el más claro ejemplo de la Escritura sobre cómo los creyentes hemos de mirar los unos por los otros. En la lucha contra la ansiedad, tomad ánimo sabiendo que los ángeles están vigilándonos, pero también *recordad que es importante* conocer a los demás y ser conocido por los creyentes maduros en un contexto de ministerio mutuo. La responsabilidad de encontrar una comunión así es vuestra. Nunca subestiméis el poder de la comunión piadosa para poder llevar las cargas de vuestra ansiedad.

6

Tratando con gente problemática

En el último capítulo, vimos cómo los demás nos pueden ayudar en nuestra lucha contra la ansiedad. Confío que habéis sido impactados por la preciosa verdad que es la comunión cristiana. Sin embargo, aquí deseo daros otra clase de estudio, pues los creyentes no afirman ni por un momento que la iglesia sea perfecta. En efecto, alguien ha dicho con razón que la iglesia es la única sociedad en el mundo en la cual la membresía se basa en la sola cualificación de que el candidato sea indigno de esa membresía.

La iglesia está llena de problemas, porque está llena de gente problemática. Cada miembro es un pecador, si bien salvado por gracia, pero sin embargo influenciado por la carne humana aún sin redimir. La iglesia crece espiritualmente en proporción directa a lo bien que seamos capaces de lidiar con la ansiedad y otros pecados en medio nuestro.

El apóstol Pablo identificó aquellos grupos problemáticos con los que todos nos encontraremos en las iglesias. ¿Alguno de mis lectores se acuerda de estas palabras?: «También os rogamos, hermanos, que amonestéis a los ociosos, que alentéis a los de poco ánimo, que sostengáis a los débiles, que seáis pacientes para con todos. Mirad que ninguno devuelva a otro mal por mal; antes seguid siempre lo bueno unos para con otros, y para con todos» (1ª Ts. 5:14, 15).

El grupo número uno son «los ociosos». Mejor llamémosles los inestables. Nunca están firmes. Cuando todos los demás se mueven hacia adelante, ellos van hacia atrás. Su refrán favorito es: «Sigue la corriente.» Movidos por apatía o rebelión, parecen estar siempre ausentes y no se interesan ni en aprender ni en servir.

El segundo grupo lo constituyen «los de poco ánimo», o sea, los preocupados. Temen a lo desconocido y no tienen ningún sentido de la aventura. Su refrán favorito en la iglesia es: «Nunca antes lo hemos hecho así.» Odian cualquier cambio, prefieren la tradición y no desean arriesgarse. Todos los asuntos de la vida les parecen más de lo que pueden soportar. Están casi siempre tristes, y a menudo deprimidos o desanimados. En consecuencia, no experimentan ninguna de las emociones que trae consigo la aventura.

El tercer grupo es el de «los débiles». Estos creyentes son espiritual y moralmente flojos. A causa de su escasa autodisciplina, tienen tendencia a caer en los mismos pecados una y otra vez. No acabamos de reanimarlos y ponerlos en pie, cuando vuelven a caer en el mismo hoyo. Dicen que es muy difícil hacer la voluntad de Dios de forma consistente. Se avergüenzan de sí mismos y también hacen avergonzar a su iglesia y al Señor. Esta gente requiere mucha atención.

El cuarto grupo está formado por los que podríamos llamar «los cansados o desganados». Pablo dijo que debemos mostrarnos «pacientes para con todos». Algunas personas con las que nos encontramos requerirán un grado extra de paciencia. Podemos volcar nuestra energía en ellos, pero cuando les observamos para ver lo cerca que han llegado a la meta de la semejanza a Cristo (Fil. 3:12-15), parecen estar aún más lejos de ella. Todo les distrae –no son personas que enfoquen su atención en algo fijo. Son gente que exaspera mucho a los demás, porque hay creyentes bien intencionados que ponen todo de sí mismos para ayudarles y a cambio comprueban que los resultados son mínimos. Tampoco experimentan el crecimiento cristiano a un ritmo normal.

El quinto grupo lo forman las personas que, de una u otra forma, hacen daño a los demás hermanos. Por eso Pablo dijo: «Mirad que ninguno devuelva a otro mal por mal; antes seguid siempre lo bueno unos para con otros, y para con todos» (1ª Ts. 5:15). Es triste tener que decirlo, pero son aquellos creyentes que cometen pecados contra otros hermanos. Rompen matrimonios, mancillan a las jóvenes, roban, chismean, calumnian y acusan falsamente.

Si una iglesia ha de crecer, debe saber ministrar a estos cinco grupos. Esto se aplica a vosotros: ir a la iglesia no es dejarse ver allí los domingos por la mañana. El Señor desea que conozcáis a esta gente problemática, no para uniros a sus filas, sino para que uséis vuestros dones espirituales para ayudarles. A su vez ellos podrán ayudar a otros que tienen problemas. Ayudad a un preocupado a que aprenda a no preocuparse y vuestras propias preocupaciones desaparecerán durante el proceso. Lo que es más, habrá una atmósfera menos cargada de preocupaciones en la iglesia. Ésta es una manera efectiva de atacar y vencer la ansiedad.

LOS CREYENTES INESTABLES

Cuando practicaba atletismo aprendí muchas lecciones claves acerca de la vida. Aquellos que se sientan en los bancos sin hacer nada tienden a volverse criticones. La gente que más critica es la que menos esfuerzos hace por el bien del equipo. Recuerdo que cierta vez tuve el privilegio de empezar una carrera de relevos. Esto significaba que había otros corredores que no podían comenzar al mismo tiempo que yo. Al principio me animaban, creyendo que pronto les llegaría el momento. Cuando veían que éste no llegaba tan pronto como esperaban, empezaban a desear secretamente que me rompiera una pierna. Al ver que no me la rompía, lamentaban la imbecilidad del entrenador, quien obviamente no reconocía un talento cuando lo veía, ¡y muchas veces optaban por alentar al otro equipo!

Así es el andar del cristiano inestable o voluble. Es algo que vemos vez tras vez en nuestras iglesias. Quizá su lugar preferido sean los bancos de la parte de atrás, donde se sientan preferentemente en los extremos, pues son los primeros en marcharse cuando acaba el culto. Motivados por una actitud de apatía o rebelión, no quieren verse involucrados en nada. No conciben el hecho de ir más allá de la mentalidad de la audiencia en general.

¿Cómo hemos de tratar con estas personas? La Escritura dice que debemos amonestarles. El término griego que se usa es la palabra *noutheteō,* que significa «advertir con sentido, a la luz de las consecuencias». Si conoce creyentes que no están cumpliendo con su trabajo, es decir, que no usan sus dones espirituales ni colaboran con el trabajo de equipo, acercaos a ellos y poned un poco de sentido común en sus cabezas. Una forma de hacerlo es hablándoles suavemente de esta manera: «He notado que no has sido fiel en tu asistencia a los cultos, no estás cumpliendo ningún ministerio, y sin embargo criticas a la iglesia. Me imagino que te darás cuenta de que si sigues por este camino, habrá consecuencias espirituales funestas, y no creo que tú desees que tales consecuencias te sobrevengan, ni tampoco a mí me gustaría que tuvieses que experimentarlas.»

Al amonestar a tales creyentes necesitamos ser tiernos y demostrarles amor, pero a la vez decirles estas verdades con absoluta convicción. El apóstol Pablo advirtió a los ancianos de la iglesia de Éfeso «con lágrimas» (Hch. 20:31). En esta amonestación hay un clamor que está haciendo un llamado a la cordura espiritual, diciendo: «No quiero que continuéis en esa dirección, porque Dios disciplinará esa actitud de apatía y rebelión. Cuando verdaderamente amamos a alguien, no dudamos en advertirle acerca de los peligros que corre. Yo no dudo en hacerlo con mi esposa e hijos, y también con otras personas que me son cercanas y amadas. No lo hago por obligación, sino porque no deseo que tengan que vérselas con las inevitables consecuencias de estar al margen de la vida espiritual. Quiero que ellos y todos los demás creyentes de la iglesia conozcan la plenitud de las bendiciones de Dios.

Esta confrontación es muy necesaria. Cuando venimos a la iglesia, nuestro propósito fundamental no es el de sentarnos y mirar la cabeza de la persona que tenemos delante. Debemos entrar a formar parte de la comunión cristiana, interesándonos en las vidas de los demás hermanos y ayudando a los que tienen problemas y dificultades.

LOS PREOCUPADOS

Estas personas no se sientan en los extremos de los bancos, sino que se acurrucan en el medio, pues tienen miedo. Necesitan tomar ánimo de la Palabra de Dios, que les da la solución definitiva para la ansiedad.

Pablo describe a estos creyentes ansiosos como personas de «poco ánimo», palabra que viene del griego *oligopsuchos*. Este término proviene a su vez de dos palabras que significan «pequeño» y «alma». El término opuesto, *megalopsuchos*, se traduce normalmente como «de una gran alma».

Mohandas Gandhi, quien siempre ha dado la imagen de un hombre humilde, prefirió identificarse por la forma en que en el idioma sánscrito se expresa el término *megalopsuchos*, la cual es *Mahatma*. Esta palabra se refiere a una persona que abarca o atrae para sí misma todos los problemas y las necesidades de la humanidad. Es una posición de riesgo, porque están en juego grandes principios y verdades. Esta clase de persona es osada, tiene un sentido apropiado de la aventura, y ama la batalla aún antes de saborear la victoria.

Los *oligopsuchos* no son así. El desafío constituye una amenaza para tales individuos. No tiene cabida en ellos. Puesto que prefieren aquello que es familiar y conocido, tienden a pegarse a las tradiciones. Son reacios a hacer cualquier cosa que no se haya hecho antes, pues aman todo aquello que consideran seguro. Quieren una vida libre de riesgos y con absoluta seguridad.

Puesto que en esta vida no existe la seguridad total, a menudo se encuentran deprimidos. Les falta fuerza para moverse juntamente con la iglesia y probar nuevos ministerios. Como temen a la persecución, tienen dificultad en hablarles a otros del Evangelio. En lugar de elevarse por encima de sus problemas, se hunden bajo la presión que ejercen los mismos. Parecen llevar siempre un gran peso sobre sus espaldas. En consecuencia, ellos mismos constituyen una carga que la iglesia necesita llevar a cuestas. Creo que en su corazón estas personas admiran a héroes como Indiana Jones, pero no quieren admitirlo. En realidad, les entusiasma el valor y el sentido de la aventura, pero antes que aprender a cultivar esas virtudes, prefieren caer en los viejos patrones de ansiedad, pues es algo mucho más sencillo.

¿Cómo hay que tratar con estas personas? Pablo dijo que hay que animarles. El término en el griego original da a entender la acción de hablarle a una persona que está a nuestro lado. Si conocéis a alguien que sea temeroso, melancólico, que esté preocupado, deprimido o desesperado, el Señor quiere que os acerquéis a él y desarrolléis una buena relación amistosa. Si alguno de mis lectores encaja en este tipo de creyentes, le conviene hacer amistad con personas consagradas y espiritualmente fuertes que le sepan consolar, confortar, fortalecer, darle seguridad, alegría y oportunos consejos de la Palabra de Dios. Como estas relaciones proporcionan un gran alivio de la ansiedad, en poco tiempo se convertirá usted en una persona diferente. ¿Qué clase de consuelo trae consigo un mejor alivio? El consuelo de la oración al Dios de todo aliento y ánimo, de una salvación segura, el que nos dice que nuestro Dios soberano está controlando las cosas para que todo lo que acontece en nuestras vidas obre para bien, el del amor de Cristo, de la resurrección final y el establecimiento de la justicia que acabará con todo lo incorrecto y reprochable. Todas estas esperanzas ayudan al cristiano preocupado a participar activamente en la aventura de la vida.

LOS DÉBILES

Seguidamente Pablo dice «que sostengáis a los débiles» (1ª Ts. 5:14). Ser débil en la fe es un aspecto de este problema. Esta debilidad caracteriza a los creyentes que son tan hipersensibles al pecado, que ven como pecado algunas cosas que en realidad no lo son. En sus cartas a los Romanos y a los Corintios, Pablo describió a estos individuos como hermanos más débiles (Ro. 14–15; 1ª Co. 8). El apóstol les rogaba a estas iglesias que fuesen sensibles hacia estas personas, y comprensivos con sus problemas y preocupaciones.

A menudo estos individuos vienen a Cristo después de haber vivido un estilo de vida particularmente pecaminoso. Tienen miedo a que cualquier cosa asociada con esa vida pasada pueda arrastrarles otra vez a sus antiguos malos hábitos. Son muy suceptibles a una conciencia dañada que los pueda llevar nuevamente a practicar el pecado y a caer nuevamente en más debilidad espiritual. Por lo tanto, no debe empujárseles a hacer nada que ellos consideren que no está correcto, aún cuando la Escritura no dé un sí o un no definitivo al respecto. Con suficiente ayuda, principalmente administrada en la forma de una paciente instrucción, entenderán cada vez mejor la Palabra de Dios (ver Hechos 18:24-28).

Otro grupo de gente que podemos clasificar como

débiles son aquellos que caen en los mismos pecados una y otra vez. Son moralmente débiles. Creo que Santiago pensaba en ellos cuando dijo: «¿Está enfermo alguno entre vosotros? Llame a los ancianos de la iglesia, y oren por él» (Stg. 5:14). La palabra que se traduce como «enfermo», es la misma que aparece como «débil» en 1ª Tesalonicenses 5:14. Cuando una persona se siente espiritual o moralmente débil, debe buscar a alguien que sea fuerte en la fe y pedirle que le «sostenga» en oración.

Pablo usa un término griego que significa «sostener» o «amarrar de forma tirante» o «aferrarse a». En Gálatas 6:1, 2 el apóstol lleva estas expresiones a la acción: «Hermanos, si alguno es sorprendido en alguna falta, vosotros, los que sois espirituales, restauradle con espíritu de mansedumbre, considerándote a ti mismo, no sea que tú también seas tentado. Sobrellevad los unos las cargas de los otros, y cumplid así la ley de Cristo.» Levantemos a los hermanos débiles, ayudándoles luego a mantenerse con buen ánimo.

¿Cómo podemos hacer esto? Solamente por medio de una comunión íntima. La iglesia crece cuando las ovejas ayudan a cuidar de las otras ovejas –cuando tenemos el suficiente cuidado como para amonestar a los ociosos, alentar a los de poco ánimo y sostener a los débiles. Esta clase de ministerio necesita mucha dedicación por parte de los creyentes.

LOS CANSADOS

Pablo nos aconseja ser pacientes con todos (v. 14). Es fácil sentirse frustrados, enojados y exasperados con algunas personas. Podemos dar tanto y recibir tan poco a

lo. Ésta es una característica especial en las relacio-
de discipulado. Si alguno de mis lectores ha discipula-
a un hermano a través de los años, sabrá que en muchos
momentos se experimentan grandes desengaños.

Nadie sabía tanto acerca de estas cosas como el Señor
Jesús. Casi podemos oír la exasperación de Su voz cuando
dijo: «¿Por qué teméis, hombres de poca fe?» En los
Evangelios encontraréis muchas veces esta exclamación.
Es como si el Señor Jesús les dijese a Sus discípulos:
«¿Cuándo vais a entender lo que he tratado de deciros
durante todo mi ministerio? Pero Él era paciente para con
ellos, y al cabo de un tiempo acabaron entendiendo Sus
verdades.

Hay muchos pastores que han tenido éxito con los
preocupados, los ociosos o inestables, y con los débiles,
pero que han sido sacrificados sobre el altar de los exasperados. Después de haberlo intentado todo, parecen de-
rrumbarse, mientras piensan:*He volcado toda mi vida en
esta gente y cuanto más hago, más parezco alejarme de
ellos. ¡No puedo conseguir que caminen y se muevan conmigo! Han recibido enseñanzas y preparación, pero no
hacen aquellas cosas que se les ha enseñado, ni tampoco
viven de la manera que les hemos dicho que deben vivir.*

Seamos o no pastores, ¿cómo quiere el Señor que
respondamos a estos creyentes cansados o desganados?
Teniendo paciencia con ellos. ¿Cuánta paciencia? Mucha
más de la que hemos tenido hasta ahora. Dios se describe
a Sí mismo como «fuerte, misericordioso y piadoso; tardo
para la ira» (Éx. 34:6). La paciencia es un atributo comu-
nicable de Dios, quien también desea que lo tengamos y
lo practiquemos nosotros.

Recordemos este diálogo entre Pedro y el Señor Jesús:
«Señor, ¿cuántas veces perdonaré a mi hermano que

108

peque contra mí? ¿Hasta siete veces? Jesús le dijo: No te digo hasta siete veces, sino aun hasta setenta veces siete.» (Mt. 18:21, 22). Como los líderes religiosos de aquellos días decían que había que perdonar hasta tres veces, Pedro debió haber pensado que era excepcionalmente generoso al sugerir más del doble de esta cantidad. Sin embargo, el Señor Jesús le presentó una cifra que multiplicaba muchas veces la de Pedro, comunicándole así un espíritu de paciencia continua con aquellos cristianos especialmente difíciles, que repiten los mismos errores una y otra vez. Una compasión y un amor personal de estas dimensiones, producen cambios notables aun en las personas más difíciles.

LOS MALOS

Este grupo tiene todo un versículo dedicado a él: «Mirad que ninguno devuelva a otro mal por mal; antes seguid siempre lo bueno unos para con otros, y para con todos» (1ª Ts. 5:15). La asunción que se hace aquí es que puesto que Dios prohíbe la venganza, nos planteemos la situación supuesta de que alguien nos hace algo malo. Según creo, ésta es la circunstancia más difícil que hemos de enfrentar como cristianos –cuando sufrimos un trato doloroso y abusivo no por parte del mundo, sino de nuestros propios hermanos y hermanas en Cristo. Esta acción puede ocasionarnos un dolor muy hondo, pero nuestra fe cristiana debe obrar también a este nivel.

Estad preparados: Hay gente en la iglesia que intentará heriros. Os harán daño de forma directa, atacándoos cara a cara con palabras perversas. Lo harán también de forma indirecta, chismeando y calumniándoos por la espalda. Es posible que procuren eliminaros de su círculo social o manteneros fuera del ministerio a causa de los celos, la amargura o el enojo. Pueden robarle a una chica su virtud por miedo del pecado sexual, romper vuestro matrimonio, o ejercer una mala influencia sobre vuestros propios hijos. ¡Parece mentira que estemos hablando de un daño infligido con toda malicia entre creyentes, pero lamentablemente es así!

Aun aquellos creyentes que son espectadores de estas cosas tan terribles, deberían considerar esta seria advertencia:

> «Pero el que haga tropezar a alguno de estos pequeños que creen en mí, más le valdría que le colgasen al cuello una piedra de molino de asno, y que le hundieran en el fondo del mar. ¡Ay del mundo por los tropiezos! Porque es necesario que vengan tropiezos, pero ¡ay de aquel hombre por quien viene el tropiezo!
>
> Mirad que no menospreciéis a uno de estos pequeños; porque os digo que sus ángeles en los cielos están viendo siempre el rostro de mi Padre que está en los cielos» (Mt. 18:6, 7, 10).

El contexto de este pasaje deja claro que estos «pequeños» son los creyentes –hijos de Dios– y no solamente los niños en general. Somos tan preciosos para Dios, que los ángeles contemplan Su expresión cuando Él cuida de nosotros. Si ven que Su rostro demuestra que estamos en dificultades, ellos se apresuran a venir en nuestra ayuda, mostrándose muy severos con los que nos causan tribulaciones. ¡Jugar con los hijos de Dios es algo muy serio!

Sin embargo, habrá algunos creyentes que tendrán suficiente audacia como para hacerlo. ¿Cómo hemos de responder ante estas maldades? Pablo dijo, «Mirad que ninguno devuelva a otro mal por mal». No toméis ninguna represalia.

Sólo Dios tiene el derecho de ejecutar la venganza y ejercer la justicia. Un texto que se acerca a nuestro pasaje en 1ª Tesalonicenses 5:15 declara lo siguiente:

> «No paguéis a nadie mal por mal; procurad lo bueno delante de todos los hombres. Si es posible, en cuanto dependa de vosotros, estad en paz con todos los hombres. No os venguéis vosotros mismos, amados, sino dejad lugar a la ira de Dios; porque escrito está: Mía es la venganza, yo pagaré, dice el Señor. Así que, si tu enemigo tiene hambre, dale de comer; si tiene sed, dale de beber; pues haciendo esto, amontonarás sobre su cabeza carbones encendidos. No seas vencido por el mal, sino vence con el bien el mal» (Ro. 12:17-21).

Tal vez alguno de mis lectores pensará en algún otro texto que parezca contradecir esta enseñanza. ¿No garantiza el Antiguo Testamento el derecho a demandar ojo por ojo, diente por diente y vida por vida? Sí, pero eso era un mandato gubernamental para el castigo de un crimen y nunca tuvo la intención de constituirse en una venganza personal. El Señor Jesús se refirió a la mala interpretación de dicho mandato gubernamental, diciendo: «Oísteis que fue dicho: Amarás a tu prójimo, y aborrecerás a tu enemigo. Pero yo os digo: Amad a vuestros enemigos, bendecid a los que os maldicen, haced bien a los que os aborrecen, y orad por los que os ultrajan y os persiguen; para que así lleguéis a ser hijos de vuestro Padre que está en los cielos, que hace salir su sol sobre malos y buenos, y que hace llover sobre justos e injustos» (Mt. 5:43-45).

Obedezcamos al Señor Jesús, pensando así: «Estos creyentes me han tratado mal, pero a pesar de ello, voy a devolverles el mal con bondad.» Esto se aplica no sólo a los creyentes, sino también a todos los que nos maltratan (con excepción de asuntos que tienen que ver con el gobierno). Como dijo Pablo: «Mirad que ninguno devuelva a otro mal por mal; antes seguid siempre lo bueno unos para con otros, y para con todos» (1ª Ts. 5:15). Con este mismo concepto en mente les escribió a los gálatas: «Así que, según tengamos oportunidad, hagamos el bien a todos, y mayormente a nuestros familiares en la fe» (Gá. 6:10).

La iglesia debe amonestar a los ociosos, animar a los preocupados, sostener a los débiles, ser pacientes con los desganados y pagar el mal con amor. Ésta es la mejor forma de atacar y desalojar la ansiedad de nuestras vidas.

7

Teniendo paz en toda circunstancia

Como hemos visto en el capítulo anterior, Pablo cerraba su primera carta a los Tesalonicenses con instrucciones prácticas sobre cómo ministrar a la gente problemática en la iglesia, incluyendo a los preocupados. En este capítulo veremos cómo cierra su segunda carta a los Tesalonicenses –con una oración que cualquier cristiano ansioso desearía que algún hermano hiciese a su favor: «Y el mismo Señor de paz os dé siempre paz en toda circunstancia. El Señor sea con todos vosotros… La gracia de nuestro Señor Jesucristo sea con todos vosotros. Amén» (3:16, 18).

UNA ORACIÓN PARA CONSEGUIR LA PAZ DE DIOS

La paz se define normalmente como una sensación de calma, tranquilidad, quietud, dicha, contentamiento y bienestar que todos sentimos cuando las cosas van de la manera que a nosotros nos gusta. Sin embargo, esa definición es incompleta, porque dicho sentimiento también puede ser producido por una droga estimulante –o por el alcohol, la biorretroalimentación, una buena siesta, una rica herencia, o aún por un engaño deliberado. Las palabras dulces de un amigo o de alguien a quien améis, pueden producir también esa clase de paz.

Pero ésta no es la paz que Pablo tenía en mente. La paz de Dios no tiene nada que ver con los seres humanos ni con las circunstancias humanas. En efecto, no se origina a un nivel humano. Cualquier paz producida por los seres humanos es muy frágil. Puede ser destruida instantáneamente por el fracaso, la duda, el temor, las dificultades, la culpa, la vergüenza, el disgusto, el pesar, la ansiedad de haber escogido mal, la anticipación de ser maltratado por alguien, la incertidumbre del futuro y cualquier desafío que amenace nuestra posición o posesiones. No olvidemos que todos experimentamos estas cosas a diario.

La paz que Dios nos da no está sujeta a las vicisitudes de la vida. Es una paz espiritual, una actitud del corazón y la mente cuando creemos y sabemos con certeza que todo está bien entre Dios y nosotros. Juntamente con esta paz está la seguridad de que Él, con todo Su amor, está en control de todos los acontecimientos. Nosotros como cristianos deberíamos saber con seguridad que nuestros pecados han sido perdonados, que Dios se preocupa por nuestro bienestar, y que el cielo es nuestro glorioso destino final. La paz de Dios es nuestra posesión y privilegio por derecho divino. Consideremos primeramente su origen.

Es divina

En 2ª Tesalonicenses 3:16, esta paz se nos define de varias maneras. Para empezar, es una paz divina: «Y el *mismo* Señor de paz os dé siempre paz en toda circunstancia.» El Señor de la paz es el Único que puede darla. El pronombre *mismo*, es enfático en el texto griego y resalta la intervención personal de Dios. La paz cristiana, la paz que es exclusiva para los creyentes, viene personalmente de Dios. Es la misma esencia de Su naturaleza.

Para ponerlo bien fácil os diré que la paz es un atributo de Dios. Si le pidiera a uno de mis lectores que me diera una lista de los atributos de Dios, éstos son los que probablemente viniesen más rápidamente a su mente: amor, gracia, misericordia, justicia, santidad, sabiduría, verdad, omnipotencia, inmutabilidad e inmortalidad. Ahora bien, ¿ha pensado alguna vez que Dios se caracteriza por Su paz? En efecto, Él *es* la paz. Todo lo que Él nos da, es porque en primer lugar Él lo es y Él lo tiene. No hay ninguna falta de paz perfecta en Él. Dios no está nunca sometido a estrés. Jamás está ansioso ni preocupado, y no tiene dudas ni temores. Tampoco confunde Sus propósitos, ni tiene ninguna clase de problemas en estructurar sus pensamientos.

Dios vive en perfecta calma y contentamiento. ¿Por qué? Porque Él está en control de todo y puede operar todas las cosas de acuerdo a Su perfecta voluntad. Puesto que Él es omnisciente, nunca se ve sorprendido por ningún acontecimiento. No existen amenazas a Su omnipotencia. No hay ningún pecado que pueda manchar Su santidad. Aun Su ira es clara, controlada y segura. No hay arrepentimiento en Su mente, pues Él nunca ha hecho, dicho o pensado nada que pudiese cambiar en ninguna forma. (Trato más ampliamente este aspecto del carácter de Dios en mi libro *God: Coming Face to Face with His Majesty,* [Wheaton, Ill.: Victor, 1993]).

Dios disfruta de una perfecta armonía consigo mismo. Nuestras Biblias le llaman «el Dios de paz», pero en el texto griego aparece un artículo definido antes de la palabra que se traduce por «paz», dando a entender que Él es literalmente «El Dios de *la paz.*» Ésta es una paz real –la clase de paz divina– no la que el mundo tiene. La oración de Pablo es que podamos experimentar esa clase de paz. Su origen es Dios y solamente Dios.

Es un don
Esta paz no es sólo divina en su origen, sino que también es un don. Cuando Pablo oró: «Y el mismo Señor de paz os dé siempre paz…», la palabra «dé» habla de un don. La paz de Dios es un don soberano y lleno de gracia, derramado sobre aquellos que creen en el Señor Jesucristo.

De acuerdo al Salmo 85:8, un versículo en el cual tal vez no hayáis reparado antes, el salmista declara: «Escucharé lo que hablará Jehová Dios; porque hablará paz a su pueblo y a sus santos, para que no vuelvan a la locura.» Dios garantiza Su paz a aquellos que le pertenecen. El Señor Jesucristo dijo: «La paz os dejo, mi paz os doy; yo no os la doy como el mundo la da. No se turbe vuestro corazón, ni tenga miedo» (Juan 14:27). Para el creyente ansioso no hay un don más grande ni más valioso que la paz de Dios.

Sin embargo, algunos buscarán alivio de su ansiedad a través de una falsa paz. Dios es generoso hacia aquellos a quienes Él garantiza Su paz, pero hay un límite. Isaías escribió: «Paz, paz al que está lejos y al cercano, dijo Jehová; y los sanaré. Pero los impíos son como el mar en tempestad, que no puede estarse quieto, y sus aguas arrojan cieno y lodo. No hay paz, dice mi Dios, para los malvados» (Isaías 57:19-21). Él dará Su paz a aquellos que vienen a Él de cerca y de lejos –los que han crecido oyendo las enseñanzas de las Escrituras y los que oyeron poco o nada acerca de Dios, pero aquellos que no vienen a Él, los malos, no podrán disfrutar jamás de la paz verdadera.

Thomas Watson lo explica así:

«La paz fluye de la santificación, pero los que no han sido regenerados, no tienen nada que ver con la paz... Es posible que tengan alguna tregua, un cierto período de calma aparente, pero no la verdadera paz. Dios puede soportar a los malvados por un tiempo y parar su rugido, pero aunque haya una tregua, sin embargo no existe la auténtica paz. Los malos pueden tener algo similar a la paz, pero no la paz real. Pueden carecer de temor y ser bastante estúpidos, pero hay una gran diferencia entre una conciencia atontada y una conciencia pacificada... El diablo atonta a los hombres, los hamaca en la cuna de la seguridad, y les dice: "Paz, paz", precisamente cuando se encuentran al borde del precipicio que lleva al infierno. Esta falsa paz que tiene el pecador no proviene del conocimiento de su felicidad, sino de la ignorancia del peligro que corre» (A Body of Divinity [Carlisle, Pa.: The Banner of Truth Trust, 1986 reprint], p. 262).

La paz de los malvados nace del engaño. La paz verdadera es el fruto de la gracia salvadora. En una oración similar a la que cierra la segunda epístola a los Tesalonicenses, Pablo dijo: «Y el Dios de la esperanza os llene de todo gozo y paz en el creer» (Ro. 15:13). La paz es un don que pertenece a aquellos que creen.

Siempre está a nuestro alcance

La paz de Dios es un don continuo. Una forma menos comercial de expresar esta verdad, es con las palabras de Pablo: «Y el mismo Señor de paz os dé siempre paz en toda circunstancia» (2ª Ts. 3:16). Al añadir la palabra «siempre», Pablo desea enfatizar que esta paz está de continuo a nuestro alcance. Sin embargo, también implica que la misma puede ser interrumpida.

No es Dios quien interrumpe nuestra paz espiritual, sino nosotros mismos. Si sucumbimos a nuestra carne, la cual es todavía parte de este mundo, suspendemos el maravilloso fluir de esa paz en nuestras vidas. A menos que andemos por el Espíritu, que es nuestro medio de controlar la carne (Gá. 5:16), estamos abiertos a toda clase de ansiedades; el temor a lo desconocido, el miedo a las enfermedades y a la muerte, y una larga lista de etcéteras. ¿Cómo comienza este lamentable proceso? Cuando dejamos de fijar la atención en nuestra condición permanente en Cristo, quien ciertamente nos llevará a Su gloria. También ocurre cuando empezamos a basar nuestra felicidad en las cosas volubles de este mundo. Esas cosas están sujetas a cambios. Por lo tanto, si cuando cambian nos enojamos, pasaremos toda nuestra vida en un constante estado de enojo y tribulación.

Las personas que pasan por las pruebas más duras de la vida y permanecen calmadas no son indiferentes, sino que confían en Dios. Y ¿qué ocurre si nuestro camino por esta vida es muy accidentado? ¿Si nos sentimos atribulados, ansiosos y temerosos? ¿Cómo podemos restaurar la paz? ¿Cómo puede esta paz permanecer ininterrumpida?

El salmista se dijo a sí mismo: «¿Por qué te abates, oh alma mía, y por qué te turbas dentro de mí? Espera en Dios; porque aún he de alabarle, salvación mía y Dios

118

mío» (Sal. 42:11). Él se recordó a Sí mismo que Dios estaba allí para ayudarle. Podemos confiar en Él porque siempre es fiel. Nuestro Padre realmente cuida de nosotros.

En la antigüedad Dios dejó perfectamente claro a los israelitas que la paz viene como consecuencia de obedecer Su Palabra (Lv. 26:1-6). La misma verdad se aplica para nuestros días. La paz se restaura por medio de la obediencia. El primer paso para hacerlo consiste en alejarse del pecado. A veces el pecado es de duda, temor y ansiedad en sí mismo, pero también puede haber algún pecado latente que ha producido esos sentimientos. Probad vuestro corazón y aislad la causa que os perturba. Dejad entonces el pecado que os ha sido revelado y obedeced a Dios, haciendo lo que es bueno. En el caso de la ansiedad, por ejemplo, significa que debéis confiar en Dios para que os ayude a manejar todos los detalles de vuestras vidas.

Otro principio que restaurará vuestra paz es el de aceptar la voluntad permisiva de Dios en ciertas cosas que sacuden vuestras vidas, sabiendo que por medio de estas experiencias Él desea que crezcáis espiritualmente. En el libro de Job leemos lo siguiente:

«He aquí, bienaventurado es el hombre a quien Dios corrige; por tanto, no menosprecies la corrección del Todopoderoso. Porque él es quien hace la herida, y él la vendará; él hiere, y Sus manos curan... En el hambre te salvará de la muerte, y en la guerra, del poder de la espada. Del azote de la lengua estarás al abrigo; no temerás la destrucción cuando venga. De la destrucción y del hambre te reirás, y no temerás a las fieras del campo; pues aun con las piedras del campo tendrás tu pacto, y las fieras

119

del campo estarán en paz contigo. Sabrás que hay paz en tu tienda; visitarás tu morada, y nada echarás de menos.» (Job 5:17, 18, 20-24).

Si entendéis que Dios está usando todas las dificultades que estáis enfrentando para perfeccionaros, estaréis en paz. No es un sufrimiento en vano. Es posible que no siempre sepáis por qué estáis atravesando esta o aquella prueba, pero tened ánimo, porque hay una buena razón para ello. En el Nuevo Testamento, Pablo dice que si queréis la paz hagáis el bien (Ro. 2:10). Todos los que hacen el bien disfrutarán de la paz. Para ser más específico, «Pero la sabiduría que es de lo alto es primeramente pura, después pacífica, condescendiente, benigna, llena de misericordia y de buenos frutos, sin incertidumbre ni hipocresía. Y el fruto de justicia se siembra en paz para aquellos que hacen la paz» (Stg. 3:17, 18). Vivir de acuerdo a la Palabra de Dios, o sea, a la sabiduría celestial, trae paz al corazón.

Si alguno de mis lectores ha perdido la paz de Dios, puede volver a encontrarla. Retroceda sus pasos confiando en Dios para todo, apartándose del pecado y andando en obediencia, soportando la obra refinadora de Dios en su vida, haciendo lo bueno y viviendo por medio de la Palabra de Dios de una manera justa. Como dijo Pablo, la paz de Dios está continuamente a su alcance. Aprovéchela y hágala suya.

No está sujeta a las circunstancias
Una última característica de la paz de Dios es que no está sujeta a las circunstancias. Pablo pedía en oración que pudiésemos disfrutar continuamente de ella «en toda circunstancia» (2ª Ts. 3:16). Esta paz no está sujeta a nada

que ocurra en el mundo. No está edificada sobre ninguna relación ni circunstancia humana. Antes bien, está edificada sobre una relación divina inmutable, y un plan y promesa divinos de un Dios infalible que hará todo para nuestro bien. Esta paz es inquebrantable, inexpugnable y trascendente.

Como hemos notado anteriormente, el Señor Jesús dijo: «La paz os dejo, mi paz os doy; yo no os la doy como el mundo la da. No se turbe vuestro corazón, ni tenga miedo.» El Señor quería decir: «No hay nada que temer ni nada acerca de lo cual estar ansioso, porque yo os doy una paz trascendente que –diferente a la paz del mundo– es imperturbable por las circunstancias humanas.» Vemos que el Señor Jesús mantiene Sus promesas, cuando en medio de las tormentas de la vida que normalmente podrían destruirnos y perturbar nuestra existencia, permanecemos calmados e imperturbables.

UNA ORACIÓN PARA OBTENER LA GRACIA DE DIOS

El mayor deseo que tenía Pablo era el de disfrutar de esta clase de bienestar, por lo tanto, dirigía sus oraciones hacia este fin. Su deseo inicial era éste: «La gracia de nuestro Señor Jesucristo sea con todos vosotros» (2ª Ts. 3:18). Pablo quería que cada hombre y cada mujer que no hubieran depositado su confianza en Cristo, experimentaran la presencia constante de la gracia de Dios morando en ellos.

La gracia es la bondad o la benevolencia de Dios dada a aquellos que no la merecen. «Pues la ley fue dada por medio de Moisés, pero la gracia y la verdad vinieron por medio de Jesucristo» (Juan 1:17). Fue en la persona de Cristo que «la gracia de Dios se ha manifestado para ofrecer salvación a todos los hombres» (Tito 2:11). Una vez que abrazamos esta gracia salvadora por medio de la fe en Cristo, somos bendecidos con la gracia de Dios, que nos capacita para soportar cualquier contratiempo que nos llene de ansiedad. Pablo describía esta gracia al hablar de un problema que le había acarreado gran ansiedad:

«Y para que por la grandeza de las revelaciones no me exaltase desmedidamente, me fue dada una espina en mi carne, un mensajero de Satanás que me abofetee, para que no me enaltezca sobremanera; respecto a lo cual tres veces he rogado al Señor, que lo quite de mí. Y me ha dicho: "Bástate mi gracia; porque mi poder se perfecciona en la debilidad." Por tanto, de muy buena gana me gloriaré más bien en mis debilidades, para que habite en mí el poder de Cristo. Por lo cual, por amor a Cristo me complazco en las debilidades, en afrentas, en necesidades, en persecuciones, en estrecheces; porque cuando soy débil, entonces soy fuerte» (2ª Co. 12:7-10).

Como creyentes, también somos bendecidos con la gracia que nos capacita y nos equipa adecuadamente para el servicio divino. Pablo expresó su apreciación por esta gracia cuando dijo: «Doy gracias al que me revistió de poder, a Cristo Jesús nuestro Señor, porque me tuvo por fiel, poniéndome en el ministerio, habiendo yo sido antes blasfemo, perseguidor e injuriador; mas fui recibido a misericordia porque lo hice por ignorancia, en incredulidad; y la gracia de nuestro Señor fue más abundante con la fe y el amor que es en Cristo Jesús» (1ª Ti. 1:12-14). La gracia de Dios es lo que nos capacita para crecer espiritualmente en el conocimiento de nuestro Señor y Salvador Jesucristo (2ª P. 3:18). En el reino material, Pablo apelaba a la gracia de Dios para animar a la iglesia de Corinto a ser generosa en sus ofrendas para la obra del Señor: «Y poderoso es Dios para hacer que abunde en vosotros toda gracia, a fin de que, teniendo siempre en todas las cosas todo lo suficiente, abundéis para toda buena obra» (2ª Co. 9:8).

La gracia de Dios nos salva, nos ayuda a sobreponernos a nuestras ansiedades, nos provee y capacita para el servicio, y nos hace crecer espiritualmente y ser ricos en Dios. Igual que la paz de Dios, está siempre a nuestra disposición, y no tiene límites. Del mismo modo que ésta, las condiciones para recibirla son: confiar en Dios, dejar el pecado, soportar el proceso refinador de Dios, hacer el bien y vivir según la Palabra de Dios. Cuando somos como Dios quiere que seamos, Él nos inunda con Su paz y Su gracia. Ésta es una de las mejores maneras de echar fuera la ansiedad.

Deseo terminar este capítulo con una nota personal. Pocos días después de presentar a mi congregación de Grace Church *este mismo mensaje,* tuve la maravillosa oportunidad de aplicarlo en mi propia vida. Recibí la noticia de que mi esposa y mi hija más joven habían sufrido un serio accidente de coche, y lo que era aún peor, mi esposa Patricia podría morir. De pronto fue como si se me oscureciera el pensamiento y, por un momento, temí que ya pudiese estar muerta. Durante mi viaje de una hora hacia el hospital, tuve mucho tiempo para reflexionar sobre la gravedad de la situación, pero experimenté una paz profunda porque sabía que Dios no me había fallado –Su gracia estaba obrando en las vidas de mis familiares, y Él estaba en control de toda la situación. Hoy me alegro de poder decir que Dios preservó la vida de ambas, y que Patricia se recuperó totalmente. Si vosotros también descansáis en la gracia de Dios, Él os llevará triunfantes a través de las pruebas más difíciles.

8

*Haciéndolo todo
sin quejarnos*

Uno de los primeros pasajes bíblicos que hemos examinado al estudiar el tema de la ansiedad, es el mandamiento de Pablo en Filipenses 4:6: «Por nada os inquietéis, sino que sean presentadas vuestras peticiones delante de Dios mediante oración y ruego con acción de gracias.» En los dos últimos capítulos de este libro, vimos otros dos pasajes de Filipenses. Uno viene antes del mandamiento, y el otro, después. Los mismos abren nuestro entendimiento para saber cómo atacar la ansiedad, especificando un hábito que hay que evitar y una actitud que debemos cultivar. Seguid con lo que habéis aprendido, y veréis por vosotros mismos que Pablo no estaba dirigiéndonos un mandamiento imposible de cumplir.

Nuestro primer texto es: «Haced todo sin murmuraciones ni discusiones, para que seáis irreprensibles y sencillos, hijos de Dios sin mancha en medio de una generación tortuosa y perversa, en medio de la cual resplandecéis como luminares en el mundo; manteniendo en alto la palabra de vida, para que en el día de Cristo yo pueda gloriarme de que no he corrido en vano, ni he trabajado en vano» (Fil. 2:14-16).

EL DESCONTENTO EN LA SOCIEDAD

Vivimos en una sociedad a la cual le encanta quejarse. Irónicamente, la sociedad americana, conocida como la más mimada del mundo, es también la más descontenta. Cuanto más tiene la gente, más descontenta está. Además, es menos apta para poder vivir con lo que tiene. Estas personas no creen que deben sufrir en silencio. Me da la sensación de que estamos criando una generación de quejumbrosos.

Mientras escuchaba una estación de radio, sintonicé un discurso de un sociólogo. Este hombre estaba hablando sobre la gente joven que se caracteriza por tener una actitud quejumbrosa, por no querer asumir responsabilidades y por manifestar permanentemente un descontento general. Piensan que nada es como debiera ser. Este sociólogo presentaba la tesis de que esta generación tan desconforme, es producto de las familias poco numerosas.

La mayoría de familias en América tienen de uno a tres hijos. Esta teoría dice que las familias pequeñas de la sociedad, están criando hijos egoístas y autoindulgentes. Representémonos por ejemplo, esta escena en la mesa del desayuno: La madre le pregunta a su hijo o a sus dos hijos, «¿Qué queréis que os preparase para llevar al colegio?» Uno dice que le gustaría un sandwich de atún y el otro de crema de cacao. Ella asiente y comienza a preparar ambos sandwiches. Cuando los niños están a punto de salir para la escuela, su madre les pregunta: «¿Y qué os gustaría comer para la cena?» El primer niño dice: «Oh bueno, creo que esto…» El segundo dice: «Y a mí esta otra cosa…» «Muy bien», responde la madre, «tendré lista esta comida para ti, y esta otra para ti. A propósito, ¿a qué hora estaréis en casa de vuelta?» Los niños responden: «Vamos a ver, probablemente estaremos en casa entre las 7 y las 7 y media. Mejor prepara todo para las 8.»

Si usted ha sido criado en una familia con tres o más hijos, la realidad es otra muy diferente. En ese caso, al llegar a la mesa del desayuno, éste ya está servido y hay que comer lo que la mamá ha preparado. Al salir de la casa, su madre le dice: «La cena es a las 8; si quieres comer, llega a esa hora.»

En una familia pequeña, tal vez la madre se haya roto la espalda trabajando horas enteras en la cocina para preparar algún plato exótico. Después de probar un bocado, uno de los niños probablemente dirá: «No me gusta, quiero otra cosa.» Si uno de los hijos de una familia de cinco o seis niños dice algo así, el niño que está a su lado dice ¡qué bien!, y se come el plato de su hermano.

La diferencia radica en que en la mayoría de las familias poco numerosas de América, los demás miembros se someten a la autoridad del hijo. En cambio, en la mayoría de las familias numerosas, los hijos son los que deben someterse a la autoridad paterna. Según este sociólogo, los niños de hoy están creciendo en medio de un entorno donde ellos son los que ejercen la autoridad. Éste es el desafortunado producto de los padres que centralizan toda su atención en sus hijos.

Cuando yo era niño, estaba deseando crecer porque quería tener libertad. Mis mayores esperaban que me conformara con lo que tenía, y así era. Comía lo que me daban mis padres y me ponía cualquier cosa que mi madre trajese a casa. Ni siquiera recuerdo haber ido de compras con ella. Tampoco creo haber entrado nunca a una tienda de ropa ¡ni aún siendo un joven! Me adaptaba al sistema que había en casa, el cual al principio podía parecer negativo, pero en realidad no lo era, si pensamos en el efecto positivo que producía: yo estaba deseando asumir las responsabilidades de la edad adulta, para poder ser libre y tomar así mis propias decisiones.

Ahora sucede al revés. Los niños que crecen controlando el entorno familiar, no desean convertirse en adultos porque eso significa ser como ellos. No quieren conseguir un trabajo, porque allí nadie les va a preguntar: «¿Cómo quieres que te decoremos la oficina?, o ¿a qué horas quieres hacer un alto en el trabajo para tomarte un café?» Un empleado debe conformarse con las reglas ya establecidas de la compañía. ¡No hay que asombrarse de que tengamos una generación de gente joven que no quiere crecer y abandonar su casa!

Preguntadle a los chicos y chicas de un Instituto de Bachillerato, qué desean hacer después de graduarse, y la mayoría os responderá con el acostumbrado «no lo sé». Este sociólogo decía que estos jóvenes se sienten así, porque están posponiendo sus responsabilidades. La libertad de su infancia parece ser mucho más atractiva que la adaptación forzosa a cualquier sistema organizado. Sus padres, aunque casi siempre bien intencionados, les han estado educando para ser irresponsables.

Cuando golpea la realidad y los hijos que han sido criados de esta forma son obligados a conseguir un empleo, buscan el puesto que les ofrezca más sueldo, haciendo a cambio la menor cantidad de trabajo posible. No tienen ética alguna, ni deseos de hacer lo correcto por la mera satisfacción del trabajo bien hecho. (Chuck Colson y Jack Eckerd tratan este tópico estupendamente en su libro *Why America Doesn't Work* [Dallas: Word, 1991]). El objetivo de estos adultos aniñados es financiarse a sí mismos, de modo que puedan disfrutar de sus indulgencias. En su coche deberían poner una pegatina que dijera: «El que al morir haya amontonado más cachivaches, es el que gana.» Tratan de sacar el máximo partido de las perversidades de la edad adulta, coleccionando gran cantidad de artilugios como barcos, coches, viajes de vacaciones y cualquier otra cosa que pueda reavivar la llama de su niñez perdida.

Sin embargo, éste es un propósito vacío, porque como dice Lucas 12:15: «Porque la vida del hombre no consiste en la abundancia que tenga a causa de sus posesiones.» Estos adultos aniñados se sienten vacíos en su interior y saben que les falta algo. Antes de darse cuenta de ello, por estar enfatizando el plano físico a expensas del espiritual, la mayoría prefiere asumir esa actitud porque considera que no tiene lo suficiente. La verdad es que por más que tengan, ¡nunca estarán convencidos de que tienen lo suficiente! Más aún, su actitud es contagiosa, por eso nuestra sociedad tiende a ser tan crítica.

Los motivos de las quejas se han vuelto cada vez más insignificantes. Pensad un poco en las cosas de las cuales la gente se queja y por las que viven llenos de ansiedad y de ira. Es posible que os sintáis culpables. Yo me he sentido culpable más de una vez, pues he permitido que algunas cosas me molesten más de lo que deberían. Algo como un atasco de circulación puede acarrear consigo un enojo terrible. ¡Los conductores lentos frente a nosotros, y las personas que no nos dejan seguir nuestro camino cuando queremos, pueden hacernos perder nuestra santificación! La gente muy parlanchina nos irrita. Las colas largas, o cortas –cualquier clase de colas– y esperas, nos vuelven locos. Queremos que las cosas sean hechas a nuestro modo, ¡y ahora mismo!

Pensad en lo nerviosa que se pone la gente cuando lloran los niños. En vez de aceptarlos como parte de la vida, el nerviosismo les ha llevado a un aumento indiscriminado de los malos tratos infantiles. Llamadas telefónicas a horas inconvenientes, llaves perdidas, niños y cachorros corriendo por la casa y rompiendo las cosas, cierres metálicos atascados, ropas que nos quedan pequeñas, dietas sin éxito, ser interrumpidos por alguien en medio de nuestra faena –nos enojamos muchísimo por cosas que no son realmente importantes, ¿no es cierto?

Ahora bien, si estuviésemos en Hiroshima en el año 1945, tendríamos un motivo real para preocuparnos, pero por haber perdido un ascenso, un negocio, o alguna otra cosa que deseábamos, no podemos quejarnos continuamente y llenar nuestro corazón de ansiedad. Seguramente podremos encontrar una manera de salir a flote, calmarnos y revisar la situación para tratar de hallarle una solución. Nuestras preocupaciones son productivas cuando nos llevan a un curso de acción sensato y prudente, pero no cuando nos llenan de angustia. Tened cuidado, pues las preocupaciones acompañadas de las quejas, nos llevan por un camino lleno de ansiedad y lamentables consecuencias.

Quejarse contra Dios es pecado, y debemos ver nuestras quejas de esta manera. «En todo caso, oh hombre, ¿quién eres tú, para que alterques con Dios? ¿Acaso dirá el vaso de barro al que lo formó: Por qué me has hecho así?» (Ro. 9:20). Quejarse contra Dios está fuera de lugar y es totalmente inapropiado. No os engañéis pensando que sólo los peores blasfemos cometen ese pecado. ¿No es contra Dios que nos estamos quejando cuando nos rebelamos contra nuestras circunstancias? Después de todo, Él es quien nos ha puesto donde estamos. Una falta de gratitud y contentamiento, es ni más ni menos que un ataque contra Dios.

Los quejumbrosos tienen un efecto devastador en la iglesia. Algunos son apóstatas, de quien habla Judas como «... murmuradores, querellosos, que andan según sus propios deseos» (Judas 16). Su pecado es grave en extremo por ser altamente contagioso. Encontramos prueba abundante de ello en el Antiguo Testamento. Considerémoslo cuidadosamente, de manera que tanto nosotros como nuestras iglesias, no tengamos que descender a una ciénaga de quejas, descontento, ansiedad y miseria.

EL DESCONTENTO
EN EL ANTIGUO TESTAMENTO

Recordad esta escena: Los israelitas están en el desierto, dirigiéndose hacia la Tierra Prometida después de que Dios les librara milagrosamente de varios siglos de esclavitud en Egipto. Dios les ordena ocupar la tierra. Josué, Caleb y diez hombres más, van a reconocer la tierra y dan su informe:

«Entonces Caleb hizo callar al pueblo delante de Moisés, y dijo: Subamos luego, y tomemos posesión de ella; porque más podremos nosotros que ellos. Mas los varones que subieron con él, dijeron: No podremos subir contra aquel pueblo, porque es más fuerte que nosotros. Y hablaron mal entre los hijos de Israel, de la tierra que habían reconocido, diciendo: La tierra por donde pasamos para reconocerla es tierra que traga a sus moradores; y todo el pueblo que vimos en medio de ella son hombres de gran estatura… y éramos nosotros, a nuestro parecer, como langostas; y así les parecíamos a ellos.»

«Entonces *toda* la congregación… Y se quejaron contra Moisés y contra Aarón todos los hijos de Israel; y les dijo toda la multitud: ¡Ojalá muriéramos en la tierra de Egipto!; o ¡en este desierto ojalá muriéramos! ¿Y por qué nos trae Jehová a esta tierra para caer a espada, y que nuestras mujeres y nuestros niños sean por presa? ¿No nos sería mejor volvernos a Egipto? Y decían el uno al otro: Designemos un capitán, y volvámonos a Egipto.»

«Entonces Moisés y Aarón se postraron sobre sus rostros delante de toda la multitud de la congregación de los hijos de Israel. Y Josué… y Caleb… hablaron a toda la congregación de los hijos de Israel, diciendo: …No seáis rebeldes contra Jehová, ni temáis al pueblo de esta tierra… Su amparo se ha apartado de ellos, y con nosotros está Jehová; no les temáis… Entonces *toda* la multitud habló de apedrearlos» (Nm. 13:30–14:7, 9, 10).

Aquellos diez espías, profetas de las tinieblas, provocaron el descontento de toda una nación quejándose contra lo que Dios les había mandado a hacer. ¿Qué dice la Escritura que les ocurrió? «Y los varones que Moisés envió a reconocer la tierra, y que al volver habían hecho murmurar contra él a toda la congregación, desacreditando aquel país, aquellos varones que habían hablado mal de la tierra, murieron de plaga delante de Jehová» (Nm. 14:36, 37). ¿Os da esto una idea de lo que piensa Dios de los murmuradores? Esta gente esparce un veneno que rápidamente infecta a otras personas. Tienen la capacidad de llevar a los demás al borde de un auténtico ataque de pánico.

Esta desgracia ocurrió muchas veces en la historia de Israel. El pobre Moisés tenía que sufrir regularmente las quejas del pueblo sobre su liderazgo y también su desconformidad por lo que tenían para comer. De acuerdo al Salmo 106, las quejas de los israelitas «... tentaron a Dios en la soledad... aborrecieron la tierra deseable; no creyeron a su palabra, antes murmuraron en sus tiendas... Por tanto, alzó su mano contra ellos para abatirlos en el desierto, aventar su estirpe entre las naciones y esparcirlos por las tierras» (vv. 14, 24-27). Este juicio divino ha venido cayendo sobre la nación judía a través de toda la historia.

El Nuevo Testamento declara que la iglesia en la dispensación de la gracia, tiene que aprender de los errores de Israel. Después de describir las increíbles bendiciones que Israel disfrutó de la mano de Dios, Pablo dice: «Pero de los más de ellos no se agradó Dios, pues quedaron tendidos en el desierto. Mas estas cosas sucedieron como ejemplos para nosotros, para que no codiciemos cosas malas, como ellos codiciaron. Ni murmuréis, como algunos de ellos murmuraron, y perecieron víctimas del Exterminador» (1ª Co. 10:5, 6, 10).

Las quejas son un síntoma de un problema espiritual profundamente arraigado –un fallo en confiar en Dios y someterse a Su voluntad. No es un asunto trivial: «... el que no cree a Dios, le ha hecho mentiroso» (1ª Jn. 5:10). He aquí un texto ideal para recordar: «¿Por qué se lamenta el hombre? ¡Que sea un valiente contra sus pecados!» (Lm. 3:39). Dios ha perdonado nuestros pecados, y la única manera correcta que tenemos de decirle «gracias» es con una actitud agradecida. Como hemos visto previamente, un espíritu de gratitud echa fuera la ansiedad –y hace que sea prácticamente imposible quejarse.

EL CONTENTAMIENTO
COMO UN MANDAMIENTO

Ahora contamos con los antecedentes necesarios para entender el mandamiento de Pablo en Filipenses 2:14: «Haced todo sin murmuraciones ni discusiones». La expresión «todo», se refiere a lo que el apóstol había dicho previamente: «… procurad vuestra salvación con temor y temblor, porque Dios es el que en vosotros opera tanto el querer como el hacer, por su buena voluntad» (vv. 12, 13). En otras palabras, mientras Dios está obrando en su vida, asegúrese de no quejarse nunca.

La vida no siempre nos va a brindar lo que nos gusta. Dios permitirá que nos sobrevengan pruebas y dificultades para ayudarnos y enseñarnos a orar, confiar, y estar agradecidos por lo que tenemos. A través de todas las páginas de la Escritura, se nos ordena estar contentos y satisfechos:

• Lucas 3:14: «Contentaos con vuestra paga.»

• 1ª Timoteo 6:6-8: «Pero gran fuente de ganancia es la piedad acompañada de contentamiento… Así que, teniendo sustento y abrigo, estemos contentos con esto.»

• Hebreos 13:5: «Sea vuestra manera de vivir sin avaricia, contentos con lo que tenéis ahora.»

La murmuración y la disputa constituyen dos bloqueos para lograr un espíritu de contentamiento. La palabra griega que se traduce por «murmuraciones» en Filipenses 2:14 es *gongusmos*. Se trata de una palabra malhumorada, quejumbrosa y onomatopéyica. Su sonido es tan quejumbroso como su significado. Se refiere a la murmuración, una expresión de descontento que se musita en voz baja. Es la palabra que se usa en la traducción al griego del Antiguo Testamento para describir las murmuraciones del pueblo de Israel. Es una queja expresada con una actitud negativa, un rechazo emocional de la voluntad de Dios.

La palabra griega traducida como «discusiones» en este mismo pasaje, es *dialogismos,* y su naturaleza es más intelectual. Se refiere a las interrogantes y a la crítica. Esto ocurre cuando el lamento o la queja se torna en un debate con Dios (como ocurrió en el caso de Job). Empezamos a discutir con Dios sobre el porqué de las cosas, y cuestionamos lo que Él nos ordena hacer. Pensamos que somos muy listos y que tenemos mejores ideas que Dios acerca del trabajo, el matrimonio, la iglesia, el hogar, o cualquier otra situación en la que nos encontremos.

Pablo dice que hay una forma mucho mejor de vivir: procurando desarrollar nuestra vida cristiana sin quejarnos. Es una actitud que está más a tono con la vida. Estamos viviendo en un mundo caído. Las cosas no van a ser siempre de nuestro agrado, y la gente que nos rodea tampoco es como desearíamos que fuera. Cuando nos quejamos de ellos, ofendemos a Dios y nos exponemos a Su juicio. Santiago nos advierte: «Hermanos, no os quejéis unos contra otros, para que no seáis juzgados; mirad: el juez está ya a las puertas» (Stg. 5:9). Imaginad a un niño pequeño en su habitación quejándose ante su hermana: «Quiero que sepas que odio la forma en que nos trata papá.» Sin embargo, no sabe que su padre está escuchando detrás de la puerta. De la misma forma, Dios está siempre con su oído atento para oír nuestras quejas.

LAS RAZONES QUE EXISTEN
DETRÁS DEL MANDAMIENTO

Tampoco sería justo deducir que Dios está constantemente esperando una oportunidad para castigarnos. En Su Palabra no sólo nos dice que detesta la actitud quejumbrosa, sino que además nos aclara el porqué. Él desea que nos demos cuenta de que las razones que nos da, son tan poderosas y convincentes para nuestros corazones como los son para el Suyo, y que además van a favor de nuestros propios intereses.

Dejad de quejaros por vuestro propio bien

Pablo dijo que no deberíamos quejarnos, porque el Señor quiere que seamos irreprensibles y sencillos, «hijos de Dios sin mancha en medio de una generación tortuosa y perversa» (Fil. 2:15). Cuando dejamos de quejarnos, experimentamos una verdadera liberación y estamos en condiciones de ser todo lo que Dios quiere que seamos. «Sed, pues, imitadores de Dios», dice Efesios 5:1. Si somos hijos de Dios, vivamos de la manera que debe vivir un hijo de Dios, manifestando el carácter de nuestro Padre. Una vida piadosa es la mejor forma de adornar la doctrina de Dios nuestro Salvador (Tito 2:10).

Una traducción literal del texto griego en Filipenses 2:14, 15 es: «Dejad de quejaros para que podáis convertiros en irreprensibles y sencillos, hijos de Dios sin mancha.» Aquí tiene lugar un proceso. La salvación tiene diferentes aspectos; pasado, presente y futuro. Estos versículos se refieren al aspecto presente. A medida que Dios hace Su obra en nosotros, nuestra parte consiste en no quejarnos.

Las palabras que se traducen como «irreprensibles»,

«sencillos» y «sin mancha», hablan de la pureza moral. Una persona irreprensible es alguien que no puede ser criticada justamente. Una persona inocente es «sabia para el bien, e inocente para el mal» (Ro. 16:19) y muy cuidadosa con todo aquello a lo que se permite estar expuesta. Una persona irreprensible es literalmente sin mancha. Es una referencia a un sacrificio aceptable a Dios. Estos versículos nos están diciendo que tenemos que actuar en la forma que se espera que los hijos de Dios actúen.

Sugiero a mis lectores que se hagan un par de preguntas:*¿A quién pertenezco?* y *¿El nombre de quién llevo en mi persona?* Como cristianos, hemos de vivir de forma consecuente con la persona que somos. Recuerdo que cuando era niño me sorprendieron en una actitud comprometedora, y un diácono de la iglesia me dijo: «¿No sabes quién es tu padre?» (Era el Pastor). «¿Cómo puedes actuar de esta manera?» Estas palabras se quedaron grabadas en mi mente como una tremenda verdad espiritual. Hasta el día de hoy, trato de no conducirme de ninguna forma que dé a los demás motivo para decir: «¿No sabes quién es tu Padre Celestial? ¿Cómo puedes actuar así?» La próxima vez que estéis tentados a quejaros o a estar ansiosos, acordaos de esta verdad. Mantened vuestra cabeza en alto y daos cuenta de que Dios os ha destinado para algo mejor. Vosotros habéis sido creados para reflejar Su naturaleza.

Dejad de quejaros por el bien de los que no son creyentes

Pablo nos explica claramente que hemos de reflejar la naturaleza de Dios, para ser «irreprensibles y sencillos, hijos de Dios sin mancha en medio de una generación tortuosa y perversa, en medio de la cual resplandecéis como luminares en el mundo» (Fil. 2:15, 16). La manera como vivimos tiene un efecto notable, no sólo en nosotros mismos sino también en el mundo que nos rodea.

Esta declaración rige nuestro mandato evangelístico, y es la esencia de lo que Pablo proclama. Una sencilla definición de evangelismo es el testimonio de los hijos de Dios brillando como luminares en un mundo sumido en la oscuridad. Esta actitud comprende dos cosas: contenido y carácter. Lo que vale no es solamente aquello que decimos, sino también lo que hacemos.

«En medio de una generación tortuosa y perversa», es una frase que proviene del Cántico de Moisés en Deuteronomio 32:5. Moisés la usó para describir la generación de israelitas quejumbrosos que perecieron en el desierto. En este pasaje, la frase se aplica a la sociedad en la cual se encuentra la iglesia actual. Como el pueblo de Israel en la antigüedad, también rechaza el mensaje de Dios. Por lo tanto es un mundo realmente trágico, moralmente degradado y espiritualmente pervertido.

La palabra griega que se traduce por «tortuosa» es *skolios*. Tal vez habéis oído hablar de la enfermedad de la columna vertebral llamada escoliosis. Es una curvatura anormal de la columna, que esta palabra expresa muy bien, pues se refiere a cualquier cosa que está fuera de su justo lugar y que se desvía del modelo correcto. De acuerdo a Proverbios 2:15, los perdidos son aquellos «cuyas veredas son tortuosas, y sus caminos llenos de rodeos». El profeta Isaías lo dice de esta manera: «Todos nosotros nos descarriamos como ovejas» (Is. 53:6). La humanidad tiene una enfermedad espiritual, una escoliosis del corazón que quita a la gente de la línea recta de la justicia divina.

La palabra que se traduce como «perversa» amplía el

138

sentido de lo lejos que estamos de los caminos de Dios. Se refiere a algo que ha sido severamente torcido y distorsionado. Pensad cuán torcida está nuestra sociedad, que defiende vicios como la homosexualidad y técnicas criminales como el aborto y no sólo dice que están bien, sino que crea leyes y derechos que les ampara. Como creyentes debemos brillar en medio de un mundo así.

Si sois cristianos piadosos y obedientes, tendréis un efecto casi deslumbrante en la mayoría de la gente. Las demás personas verán esa luz, y algunos hasta se avergonzarán, porque se darán cuenta de que vosotros tenéis algo que ellos no tienen. Otros se sentirán atraídos porque anhelan ser algo mejor de lo que son. Este hecho está íntimamente relacionado con la forma en que vivimos nuestras vidas. Como escribió John Donne, «Ningún hombre es una isla reservada para sí mismo» (Meditación 17). Ésta es una verdad que se aplica al cristiano más que a nadie en el mundo. Un poco después, Donne dice: «Yo estoy involucrado en la humanidad.» Para el creyente, esto es más que una resolución, es una declaración absoluta.

La calidad de nuestra vida es la plataforma para nuestro testimonio personal. Un cristiano murmurador, quejumbroso, absorbente y descontento, no tendrá ninguna influencia positiva sobre los demás. Es incongruente hablar acerca del Evangelio del perdón, el gozo, la paz y la consolación, y por otra parte estarse quejando y gruñendo la mayor parte del tiempo. Dadle a la gente algo más auténtico en lo que puedan creer: No creerán en el Evangelio hasta que no vean que produce los efectos que vosotros decís. «Mostradme vuestras vidas redimidas y es posible que me incline a creer en vuestro Redentor.» Éste es el desafío que cualquier persona incrédula os puede presentar.

Como he dicho anteriormente, la ecuación para el

evangelismo exitoso es el carácter más el contentamiento. Al lucir como luminares en el mundo, simultáneamente hemos de mantener en alto la Palabra de vida (Fil. 2:16). La Palabra de Dios es la que da vida. Puesto que las personas del mundo están muertas espiritualmente en sus pecados (Ef. 2:1), no hay nada que necesiten más que esta vida espiritual y eterna.

El apóstol Pablo dijo que dejáramos de quejarnos y de discutir con Dios. Debemos obedecerle gozosamente, y cuando estemos brillando como luminares en el mundo, hallaremos que la gente responderá positivamente, pues una vida transformada es la mejor propaganda que se puede hacer del Evangelio. Un espíritu negativo y quejumbroso no habla muy bien de lo que predicamos.

Haced lo posible para vivir el día de hoy sin quejaros de nada. Cada vez que os salga una queja, escribidlo en una libreta de notas. Os sorprenderéis al descubrir que la actitud de quejarse ha pasado a ser una forma de vida. Además de ser altamente contagioso para otras personas, un espíritu quejumbroso tiene un efecto anestésico en la persona que lo posee. Pronto se vuelve en algo tan habitual, que la mayoría de la gente infectada por él ni siquiera se da cuenta de que se ha convertido en una característica estrictamente dominante.

Eliminad las quejas que pronunciáis al cabo del día y muy pronto podréis atacar la ansiedad en su mismo origen. Además, os daréis cuenta de que Dios sabe lo que está haciendo en vuestras vidas. Oírse a sí mismo quejándose equivale a oírse afirmar lo contrario. Cuanto más os oigáis hablar de esa manera, más lo creeréis. Por la paz de vuestra mente, parad ahora mismo.

9

Aprendiendo a contentarse

Como el color blanco es al negro, así es el contentamiento con respecto a la ansiedad. Hasta ahora hemos estado desarrollando un arsenal espiritual, con el propósito de estar capacitados para atacar la ansiedad. Ahora deseo cerrar este estudio, concentrándome en el arma esencial. El Excalibur Cristiano contra el dragón de la Ansiedad se llama Contentamiento. Es como la bandera bajo la cual las tropas de Cristo avanzan hacia la victoria personal.

Como hemos visto antes, la Biblia habla del contentamiento no sólo como una virtud, sino también como un mandamiento. En ningún otro pasaje está más claro que en los últimos mandamientos que Pablo dirige a la iglesia de Filipos. El apóstol acababa de decirles que no sucumbieran a la ansiedad (Fil. 4:6), y entonces pasa a ilustrar la forma de conseguirlo con un ejemplo de su propia vida.

«En gran manera me gocé en el Señor de que ya al fin habéis reavivado vuestro cuidado de mí; de lo cual también estabais solícitos, pero os faltaba la oportunidad. No lo digo porque tenga escasez, pues *he aprendido a contentarme*, cualquiera que sea mi situación.»

«Sé vivir en escasez, y sé vivir en abundancia; en todo y por todo he aprendido el secreto, lo mismo de estar saciado que de tener hambre, lo mismo de tener abundancia que de padecer necesidad. Todo lo puedo en Cristo que me fortalece.»

«Sin embargo, bien hicisteis en participar conmigo en mi tribulación. Y sabéis también vosotros, oh filipenses, que al principio de la predicación del evangelio, cuando partí de Macedonia, ninguna iglesia participó conmigo en razón de dar y recibir, sino vosotros solos; pues aun a Tesalónica me enviasteis una y otra vez para mis necesidades.»

«No es que busque dádivas, sino que busco fruto que abunde en vuestra cuenta. Pero todo lo he recibido, y tengo abundancia; estoy lleno, habiendo recibido de Epafrodito lo que enviasteis; olor fragante, sacrificio acepto, agradable a Dios. Y mi Dios proveerá a todas vuestras necesidades conforme a sus riquezas en gloria en Cristo Jesús» (Fil. 4:10-19).

En el contexto de esta inspirada nota de agradecimiento, vemos claramente que Pablo sabía lo que era estar contento. En el tiempo en que escribió estas líneas, estaba prisionero bajo arresto domiciliario en Roma. Permanecía encadenado a un soldado romano veinticuatro horas al día. Tenía muy poco de lo que esta vida considera beneficios, pero aún así estaba contento. «La paz de Dios» (v. 7) y «el Dios de paz» (v. 9) eran realidades obvias en la vida de Pablo. También lo pueden ser en nuestras vidas si aprendemos a contentarnos.

INDEPENDENCIA, NO INDIFERENCIA

La palabra griega que se traduce por «contento» (*autarkēs*), significa «ser autosuficiente», «estar satisfecho», o «tener suficiente». Indica una cierta independencia y falta de necesidad de ayuda. A veces se usaba para referirse a una persona que se sostenía a sí misma sin la ayuda de nadie.

Pablo en realidad estaba diciendo: «He aprendido a ser suficiente en mí mismo –pero no en mí como yo, sino como un ser en el que mora Cristo y lo llena.» En otros pasajes de la Escritura, también expresa esta sutil distinción: «Con Cristo estoy juntamente crucificado, y ya no vivo yo, sino que Cristo vive en mí; y lo que ahora vivo en la carne, lo vivo en la fe del Hijo de Dios, el cual me amó y se entregó a sí mismo por mí» (Gá. 2:20). Cristo y la actitud de contentamiento van juntos.

Los filósofos estoicos de los días de Pablo tenían un punto de vista diferente con respecto al contentamiento. El estoicismo era una filosofía griega introducida en Roma alrededor del año 200 a.C. Allí tuvo seguidores famosos como Epictetus y Séneca, tutor del emperador Nerón. Fue Nerón quien más tarde ordenó la ejecución de Pablo. Los estoicos sostenían que toda la realidad es material, y decían que había que dejar de lado la pasión y el sentimentalismo para realizar los deberes de la vida cotidiana y obtener la verdadera libertad. (¡El libertino Nerón fue en verdad un estoico desastroso!) Esta gente creía que el *autarkēs* o contentamiento, se conseguía solamente cuando uno llegaba al punto de la total indiferencia. Epictetus explica cómo hacer para llegar a este estado:

«Comience con una taza o un utensilio casero. Si se rompe, diga: "No me importa." Continúe con un caballo o un perro. Si le ocurre algo a su animal, diga: "No me importa." Seguidamente concéntrese en usted mismo, y si se hiere o es perjudicado de alguna forma diga: "No me importa." Y si puede seguir así el tiempo suficiente, y con bastante esfuerzo, llegará a un estado donde podrá contemplar a su ser más querido sufrir y morir y dirá: "No me importa"» (citado por William Barclay, *The Letters to the Philippians, Colossians, and Thessalonians* [Philadelphia: Westminster, 1959], p. 104; cf. Epictetus, *Manual 7*).

Los estoicos trataban de abolir sus sentimientos y emociones. ¡Francamente, estas ideas suenan más como algo salido de *Star Trek* y la filosofía Vulcano, que cualquier otra cosa originada en nuestro planeta! T. R. Glover dice: «Los estoicos hacían del corazón un desierto y a eso le llamaban paz» (Barclay, p. 104; cf. T. R. Glover, *Progress in Religion on the Christian Era* [New York: George H. Doran, 1922], pp. 233-39).

Ésta no es la clase de contentamiento de la que hablaba Pablo. Cuando usaba la palabra *autarkēs,* se estaba refiriendo a algo muy diferente. Obviamente no era la indiferencia, pues Pablo era un hombre muy sentimental y compasivo. Sus cartas de amor a las iglesias a través del Nuevo Testamento lo hacen evidente. ¡Pablo *nunca* asumía una actitud de decir: «no me importa»! Bajo la inspiración del Espíritu Santo, concibió la idea del contentamiento mucho más allá de lo que la entendieron los griegos, donde esta palabra adquirió por primera vez su significado. Veamos de dónde sacó Pablo la comprensión de este término.

SECRETOS PARA TENER CONTENTAMIENTO

Notad que Pablo dice: «He aprendido a contentarme... He aprendido el secreto» (Fil. 4:11, 12). Aquí usa otro término griego lleno de significado –una alusión a las misteriosas religiones de Grecia. La iniciación a esos cultos paganos requería estar informado de algunos secretos religiosos. Pablo se informó muy bien sobre el secreto del contentamiento y luego pasó esa valiosa información a todos los que habían sido iniciados por la fe en el Señor Jesucristo. He aquí sus facetas claves:

«En gran manera me gocé en el Señor de que ya al fin habéis reavivado vuestro cuidado de mí; de lo cual también estabais solícitos, pero os faltaba la oportunidad» (v. 10). Permitidme que os dé algunos datos más al respecto. Habían pasado unos diez años desde que Pablo había estado por última vez en Filipos. El capítulo 16 de Hechos relata lo que sucedió durante su primera visita.

Pablo y sus compañeros de viaje se encontraron con una mujer de negocios llamada Lydia y le predicaron el evangelio a ella y a sus acompañantes. Su conversión hizo posible la formación de una iglesia. Durante los primeros años de la iglesia, Pablo echó fuera un espíritu de adivinación de una joven esclava. Los amos de la joven –enfadados por la pérdida de ingresos que tenían a causa de los poderes de adivinación de su esclava– hicieron llevar preso a Pablo. En lugar de quejarse acerca de la miserable situación en la que se encontraba, el apóstol alababa a Dios con cánticos en la noche.

Dios respondió de una manera asombrosa; sacudió los fundamentos de la prisión tan violentamente, que todas sus puertas se abrieron y las cadenas de los prisioneros que sujetaban sus manos y tobillos cayeron al suelo. Esa increíble experiencia, más la actitud tan extraordinaria de Pablo ante sus circunstancias tan adversas, llevaron al carcelero y a toda su familia a los pies de Cristo. A medida que la iglesia de Filipo crecía, parece que colaboraba con Pablo para que se extendiera la labor misionera.

Sin embargo, nuestro texto en Filipenses deja bien claro que había pasado cierto tiempo desde que le habían enviado fondos por última vez, pero Pablo no se quejaba de ello. Él sabía que no se habían olvidado de él, sino que les había faltado «oportunidad» (en griego, *kairos*). Ésta es una referencia a un tiempo u oportunidad, y no se refiere al tiempo cronológico.

Al escribir: «al fin habéis reavivado vuestro cuidado de mí», Pablo estaba usando un término utilizado en horticultura que significa «volver a florecer». Es como si estuviera diciendo: «Vuestro amor ha florecido nuevamente. Sé que siempre ha estado latente, pero no habíais tenido oportunidad de florecer. Las flores salen en la estación propicia, y ésta no había llegado hasta ahora.»

El punto más importante del tema, es que Pablo tenía una paciente confianza en la soberana providencia de Dios. Estaba contento y conforme con esperar a que las cosas sucedieran en el tiempo que el Señor considerara propicio. No recurrió al pánico ni a la manipulación de los demás. Pablo no tenía por costumbre recurrir a ese tipo de cosas, pues tenía la certeza de que en el tiempo debido, Dios ordenaría las circunstancias de tal forma que sus necesidades fueran suplidas. Hoy día podemos disfrutar de esa misma seguridad.

Hasta que no aprendamos que Dios es soberano, y que ordena todas las cosas para Sus propios propósitos santos y el bien de aquellos que le aman, no podremos hacer otra cosa sino angustiarnos y estar descontentos. Eso se debe a que queremos tener la responsabilidad de ordenar nuestras vidas, y continuamente nos vemos frustrados al ver una y otra vez que no podemos controlarlo todo. Este «todo» de nuestra vida ya está bajo el control de Alguien mucho más grande que usted o que yo.

Un sinónimo de la providencia de Dios es la *provisión divina,* pero éste es un rótulo muy insignificante para una realidad teológica tan compleja. La providencia es la forma en cómo Dios arregla y organiza todas las cosas para llevar a cabo Sus propósitos. Permitidme que os enseñe lo que esto significa por medio de una figura de contraste.

Hay dos maneras en que Dios puede actuar en el mundo: por medio de un milagro y a través de Su providencia. Un milagro no tiene una explicación natural. En el correr de la vida normal, Dios de pronto detiene la marea e introduce un milagro. Entonces vuelve otra vez las cosas a su marcha normal, así como ocurrió con la división del Mar Rojo hasta que Su pueblo pudo cruzarlo y luego las aguas volvieron a cerrarse. ¿Qué pensáis que hubiera sido más fácil de hacer –decir: «Deténte allí, quiero hacer este milagro», y hacerlo –o decir: «Veamos, tengo 50 millones de circunstancias diferentes para combinar, de modo que pueda realizar esto»? Esto último es la providencia. Pensad, por ejemplo, en cómo Dios ordenó providencialmente las vidas de José, Rut y Ester. Hoy Él hace lo mismo por nosotros Sus hijos.

Podemos experimentar un auténtico contentamiento cuando aprendemos que Dios es soberano, no sólo por Sus intervenciones sobrenaturales, sino también por la forma en que organiza las cosas y los acontecimientos. ¡Y qué organización más increíble resulta ser! Apreciemos la complejidad de la obra que Dios está haciendo a cada momento, solamente para mantenernos con vida. Cuando miramos las cosas desde esta perspectiva nos damos cuenta de la locura que significa pensar que podemos controlar nuestras vidas con nuestro propio esfuerzo. Si dejamos de lado este pensamiento tan vano, estaremos quitando de en medio una de las principales causas de la ansiedad.

Pablo estaba contento y conforme porque tenía confianza en la providencia de Dios. Sin embargo, esa confianza nunca le llevó a una actitud fatalista como aquella que dice: «No importa lo que haga.» El ejemplo de la vida de Pablo a través del Nuevo Testamento es éste: Hemos de trabajar tan duro como podamos y estar contentos de saber que Dios tiene en Sus manos el control de los resultados.

Estando satisfechos con poco

He aquí otro secreto de la vida de Pablo para lograr el contentamiento: «No lo digo porque tenga escasez, pues he aprendido a contentarme, cualquiera que sea mi situación. Sé vivir en escasez, y sé vivir en abundancia; en todo y por todo he aprendido el secreto, lo mismo de estar saciado que de tener hambre, lo mismo de tener abundancia que de padecer necesidad» (Fil. 4:11, 12). Pablo apreciaba que estos hermanos de la iglesia de Filipos hubieran reavivado su generosidad para con él, pero deseaba que supieran que tampoco había estado codiciando esa ofrenda. Él mantenía sus deseos bajo control y no los confundía con sus necesidades.

«No es que hable de mis deseos», es otra manera de decir: «en realidad no tengo necesidades que no hayan

148

sido cubiertas». Nuestras necesidades como seres humanos son simples: comida, ropa, vivienda y la piedad acompañada del contentamiento, como vimos en el capítulo anterior. La Escritura dice que debemos contentarnos con tener cubiertas las necesidades básicas de la vida.

Esta actitud está en marcado contraste con la de nuestra cultura. La gente de nuestros días no está conforme –ni con poco ni con mucho. Mi teoría es que cuanto más tiene la gente, más descontenta tiende a estar. La gente más infeliz que hemos conocido disfruta de la opulencia. Estas personas parecen creer que sus necesidades nunca serán cubiertas. A diferencia de Pablo, asumen que sus deseos y caprichos son necesidades. Han seguido una cultura materialista que enseña a rebuscar para encontrar nuevas necesidades.

Nunca encontraréis un anuncio o propaganda que os diga que comáis, bebáis y os vayáis a dormir. Los asuntos tocantes a la publicidad son mucho más opcionales y sutiles, pero nunca conoceremos la intención con que la propaganda ha sido hecha. El llamamiento que hacen no es: «¿Les gustaría tener esto?», sino: «¡Usted *necesita* esto!» Si os exponéis a estos mandatos sin pensar, ¡os daréis cuenta de que necesitáis cosas que ni siquiera deseáis! El propósito de esta clase de publicidad es producir en el público un descontento suficiente como para que se desee comprar.

Para protegerse de estos desaprensivos, ponga mucha atención siempre que ponga la palabra *necesitar* o *necesita* en algo que tenga que ver con sus pensamientos o su conversación. Corrija cualquier uso de este término que vaya más allá de las necesidades básicas de la vida. Pablo lo hizo así, y usted también puede hacerlo. Considere cualquier excedente como una bendición de Dios. Cuando no caiga en la dependencia de los lujos que este mundo considera necesidades, aprenderá a estar satisfecho con lo poco que tiene.

Aparte de las circunstancias

Una de las cosas que nos impide estar contentos con lo que tenemos es el depender exclusivamente de las circunstancias. Cuando nos permitimos ser víctimas de nuestras circunstancias, tambaleamos y perdemos nuestra paz. No hay duda de que Pablo era un ser humano y también sufría como nosotros, pero él aprendió a vivir de una forma diferente: estar contento sin importar cuáles pudieran ser sus circunstancias. «He *aprendido* a contentarme», dice el apóstol, «cualquiera que sea mi situación» (Fil. 4:11). Lo que dice es real, pues se contentaba *cualquiera* que fuese la situación que estuviese atravesando. Como podemos ver en el próximo versículo, pasa del extremo de una gran pobreza a un gran bienestar material.

Nosotros los cristianos tenemos que aprender a contentarnos frente a cualquier situación en esta vida. No tenemos que esperar a la eternidad para lograrlo. Sin embargo, lo que necesitamos es mantener un pie en la eternidad. Pablo lo enseña de esta manera: «Poned la mira en las cosas de arriba, no en las de la tierra» (Col. 3:2). «Porque esta leve tribulación momentánea nos produce, en una medida que sobrepasa toda medida, un eterno peso de gloria; no poniendo nosotros la mira en las cosas que se ven, sino en las que no se ven; pues las cosas que se ven son temporales, pero las que no se ven son eternas» (2ª Co. 4:17, 18, NIV). Pablo soportó muchas circunstancias adversas (nota de su sumario en 11:23-33), pero a través de ellas aprendió a estar contento y a tener una perspectiva eterna. Démonos cuenta de que cualquier circunstancia que estemos atravesando es temporal. La energía que estáis gastando en estar ansiosos no vale la pena comparada con la recompensa eterna. Aprended a estar contentos rehusando tomar demasiado en serio vuestras circunstancias terrenales.

Siendo sostenidos por el poder divino

Pablo podía enfrentarse a cualquier circunstancia terrenal con esta segura confianza: «Todo lo puedo en Cristo que me fortalece» (Fil. 4:13). Él había aprendido que por más difíciles que se pusieran las cosas en este mundo material, cada cristiano contaba con un escudo protector espiritual.

Al decir que podía hacer todas las cosas en Cristo, Pablo se estaba refiriendo a la resistencia, y no a la provisión milagrosa. Con esto no quería decir que podía vivir sin comer ni beber. Tampoco podía ser golpeado 5.000 veces y sobrevivir. Hay un límite en los malos tratos y en las penurias físicas que todo ser humano puede soportar. Lo que Pablo quería decir era algo así: «Cuando llegue al fin de mis propios recursos, entonces experimentaré el poder de Cristo para sostenerme hasta que venga la provisión.» Él creía en la promesa de Isaías 40:31: «Los que esperan a Jehová tendrán nuevo vigor; levantarán el vuelo como las águilas; correrán, y no se cansarán; caminarán, y no se fatigarán.»

El contentamiento puede ser el producto resultante de haber pasado una pena, y viene cuando hemos experimentado el poder sostenedor de Cristo, al habernos quedado previamente agotados: «Él da vigor al cansado, y acrecienta la energía al que no tiene fuerzas» (v. 29). Las dificultades en nuestras vidas son para nuestro bien, pues de esa manera vemos el poder de Cristo manifestado en nosotros.

Sé que mi capacidad para experimentar contentamiento ha crecido a través de los años. Una de las razones principales es que he visto a Dios hacer cosas en mi vida que sólo Él podía hacer. De otro modo hubiera sido propenso a padecer ansiedad, falta de paz y temor ante mi propia capacidad de enfrentarme a una situación difícil. En lugar de ello, he aprendido a confiar en Su fortaleza y decir: «Señor, ésta es una situación que no puedo resolver por mí mismo. Ningún recurso humano sería suficiente. Dependo de Ti para que obres en mí» (ver 1ª Co. 10:13).

¿Sabéis cómo funciona un marcapasos? Da el impulso necesario cuando el corazón no late normalmente. Es un pequeño aparato que tiene el poder vital para la subsistencia. Como creyentes tenemos una reserva de poder espiritual que se pone en acción cuando hemos llegado al fin de nuestros recursos. Por lo tanto, podemos «hacer todas las cosas mucho más abundantemente de lo que pedimos o pensamos, según el poder que actúa en nosotros» (Ef. 3:20).

Aprenderéis a tener contentamiento cuando hayáis pasado por el valle de sombra de muerte, cuando hayáis estado al borde del abismo, cuando no os sea posible resolver vuestros problemas, cuando no podáis solucionar un conflicto, cuando os sea imposible arreglar vuestro matrimonio, cuando no podáis hacer nada por vuestros hijos, cuando no podáis cambiar vuestro entorno laboral, cuando no seáis capaces de luchar contra la enfermedad que está consumiendo vuestros cuerpos. Entonces os tornaréis a Dios y encontraréis la fortaleza necesaria para atravesar la situación, por difícil que sea.

Sin embargo, si habéis estado viviendo una vida de pecado y ahora estáis en el fondo del pozo adonde el pecado os ha conducido, no podéis esperar que el Señor

venga a vuestra vida, haga un maravilloso d⟨
Su poder, y automáticamente os sintáis conten⟨
ces. Lo más probable que Él haga, es añadir disc⟨
dolor que vuestras circunstancias han producido n⟨
mente. No hay un arreglo fácil y rápido para un p⟨ ⟨
de vida de pecado. Así como la salud es el resultado de
una forma correcta de vida en la dimensión física, el poder
de Dios es el resultado de la obediencia en la dimensión
espiritual. Una carta de una señora que pasó por una
experiencia de esta clase, habla poderosa y claramente al
respecto:

«Querido John:

He estado engañando a mi marido durante los primeros
once años de matrimonio. Este engaño consistió en varios
romances breves, unos pocos encuentros de una noche y
otros líos sentimentales –probablemente entre 12 a 15 hombres en total. Puedo decir que básicamente amaba a mi
marido, pero sabía que no estaba dedicada a él en un cien
por cien y no tenía idea de cómo cambiar ese patrón de vida.

Me convertí en un ser miserable. No tenía ningún sentido
de dignidad propia, estaba triste, malhumorada y hacía un
montón de compras para tratar de satisfacer mi vida vacía.
Sin embargo, era una adepta a la mentira, y me las arre-
glaba para engañar a mi marido así como también a todas
las demás personas. A pesar de todo esto, aún podía
funcionar bastante bien la mayor parte del tiempo, y la
gente realmente pensaba que yo era una buena persona
porque escondía muy bien mi lado malo. Trataba de tener
una buena apariencia para que todo el mundo me viera
bien, pero la mayor parte del tiempo me sentía como si
llevara una máscara puesta. Si alguien me decía que era

atractiva, yo pensaba dentro de mí: *¡Si pudieras ver mi interior, no dirías ese disparate!*

Creo que también debo mencionar que tuve un aborto, un bebé concebido con mi segundo marido mientras aún estaba casada con el primero. Nos separamos, yo tuve el aborto y luego me casé con mi actual marido un año y medio después de haber vivido con él la mayor parte del tiempo.

A consecuencia de una depresión recurrente tuve que ir a un profesional para buscar ayuda. Después de dos años de terapia, entiendo mejor algunas de las razones que tuve para hacer lo que hice, pero sin embargo no experimenté ningún cambio. Yo nací en un hogar cristiano. En efecto, mi padre era un ministro del Evangelio, y yo "acepté a Cristo" cuando aún era muy joven. Sin embargo, nunca entendí realmente lo que era seguir al Señor. En mi juventud trataba de seguir con las costumbres religiosas, pero éstas no significaban mucho para mí. Tan pronto como dejé mi hogar para ir a la universidad, lo rechacé todo y me fui por mi propio camino. Mi corazón era frío e indiferente hacia las cosas de Dios, y estoy segura de que Satanás estaba feliz obligándome a endurecerlo aún más.

Tal vez dos o tres veces en mi más profunda depresión y desesperación clamé a Dios para que me ayudara, pero no me molesté en decir que me arrepentía por lo que estaba haciendo. Puesto que pensaba que Dios no quería responderme, estaba convencida de que me odiaba y no quería tener nada que ver conmigo. Esto añadió a mi miseria un horrible sentimiento de indignidad.

Aún así, soy una prueba viviente del poder del Espíritu Santo para transformar el corazón y la conducta de una persona. No todas las convicciones de mi cambio en la vida vinieron de golpe. En algunas cosas ha sido un proceso gradual, pero una cosa sí cambió inmediatamente porque creí que Dios sabía lo que para mí era más importante: que el pensamiento de estar junto a otro hombre me horrorizaba. Me di cuenta de que estaba dedicada a mi marido, ignorante al cien por cien de mi tiempo, y que le amaba con todo mi corazón y nunca volvería a hacer nada que le deshonrara. Esto no era algo por lo cual yo hubiera pedido en particular, ¡pero gracias a Dios ocurrió! Sentí una felicidad muy profunda, y un auténtico gozo y contentamiento, una palabra de la cual había pensado que nunca conocería su verdadero significado.

Una vez que esta mujer se volvió a Dios con una fe obediente, Él la bendijo con poder y contentamiento espiritual. Las mismas bendiciones esperan a cualquier otro creyente obediente que ha llegado al fin de sus propios recursos.

Preocupándonos por el bienestar de los demás

Si usted vive para sí, nunca estará contento. Muchos de nosotros no experimentamos contentamiento porque exigimos que nuestro mundo sea exactamente de la forma que a nosotros nos gustaría. Deseamos que nuestra esposa o esposo cumpla con nuestras expectativas y con todo lo que nosotros queremos que haga y de una forma puntual. También deseamos que nuestros hijos se adapten a un plan prefabricado que tenemos y que les queremos hacer cumplir a rajatabla. Además deseamos que todo lo demás encaje perfectamente en el pequeño espacio que reservamos para cada elemento de nuestra existencia.

Pablo oraba para que los filipenses tuviesen una perspectiva diferente. El apóstol comenzó su carta a estos creyentes con una oración para que el amor entre ellos pudiese abundar (Fil. 1:9), y continuó dándoles este práctico consejo: «Nada hagáis por rivalidad o por vanagloria; antes bien en humildad, estimando cada uno a los demás como superiores a sí mismo» (Fil. 2:3). Pablo quería que se olvidaran un poco de sí mismos, preocupándose por el bienestar de los demás. Éste es el ejemplo que les dio a ellos y a nosotros:

> «Sin embargo, bien hicisteis en participar conmigo en mi tribulación. Y sabéis también vosotros, oh filipenses, que al principio de la predicación del evangelio, cuando partí de Macedonia, ninguna iglesia participó conmigo en razón de dar y recibir, sino vosotros solos; pues aun a Tesalónica me enviasteis una y otra vez para mis necesidades. No es que busque dádivas, sino que busco fruto que abunde en vuestra cuenta. Pero todo lo he recibido, y tengo abundancia; estoy lleno, habiendo recibido de Epafrodito lo que enviasteis; olor fragante, sacrificio acepto, agradable a Dios. Y mi Dios proveerá a todas vuestras necesidades conforme a sus riquezas en gloria en Cristo Jesús» (Fil. 4:14-19).

Aún cuando Pablo estaba seguro de la providencia de Dios, independientemente a sus circunstancias, y fortalecido por el poder divino, supo cómo escribir debidamente una carta de agradecimiento. El apóstol deseaba que los filipenses supiesen que habían hecho una acción noble al tener cuidado de sus necesidades. La iglesia de Filipos era pobre. Macedonia era un área cuya pobreza se describe en 2ª Corintios 8–9. Estos creyentes aparentemente habían enviado comida, ropa y dinero para Pablo en Roma por medio de Epafrodito. Su generosidad impresionó a Pablo.

Notad qué fue lo que le hizo más feliz de esta ofrenda: «No es que busque dádivas, sino que busco fruto que abunde en vuestra cuenta» (Fil. 4:17). Pablo estaba más interesado en el beneficio espiritual de estos creyentes que en su propia ganancia material. Estar confortable, bien alimentado y satisfecho, no eran las preocupaciones principales en la vida del apóstol. Antes bien, estaba interesado en acumular dividendos eternos para las vidas de las personas que amaba. He aquí los principios escriturales eternos que aplicaba:

• Proverbios 11:24, 25: «Hay quienes reparten, y les es añadido más; y hay quienes retienen más de lo que es justo, pero vienen a pobreza. El alma generosa será prosperada; y el que saciare, él también será saciado.»

• Proverbios 19:17: «A Jehová presta el que da al pobre, y el bien que ha hecho, se lo recompensará.»

• Lucas 6:38: «Dad, y se os dará.»

• 2ª Corintios 9:6: «El que siembra escasamente, también segará escasamente, y el que siembra generosamente, también segará generosamente.»

Pablo describía el don que había recibido como «olor fragante, sacrificio acepto, agradable a Dios» (Fil. 4:18). Estaba usando metáforas del Antiguo Testamento para decir: «No sólo me habéis ofrendado a mí, sino también a Dios.» En el principio de nuestro pasaje, en el versículo 10, notamos cuán feliz estaba Pablo de recibir esa ofrenda. Este gozo le vino no porque había recibido lo que había estado esperando (como ya hemos visto en el versículo 11, donde mencionó con toda educación que no tenía necesidad de ello), sino porque los filipenses le habían dado algo que honraba a Dios y acrecentaría su beneficio espiritual.

Esta acción llevó a Pablo a decir al final de su epístola: «Y mi Dios proveerá a todas vuestras necesidades conforme a sus riquezas en gloria en Cristo Jesús» (v. 19). Éste es uno de los versículos más citados de la Escritura, pero necesita ser ubicado en su contexto. Pablo en realidad estaba diciendo: «Me habéis dado de una forma que vosotros mismos habéis quedado necesitados. Quiero aseguraros que Dios no os será deudor. Él suplirá todas vuestras necesidades.» Se está refiriendo a necesidades materiales sacrificadas por los filipenses, que Dios en respuesta a su sacrificio reemplazaría ampliamente.

Si queréis honrar a Dios de igual manera con vuestros bienes, seréis llenos con abundancia (Pr. 3:9, 10). Dios no va a devolverle solamente bendiciones espirituales y a dejarle morir de hambre. Si usted está en Cristo, las riquezas de Dios en gloria son suyas. Esto se debe a que, como hemos aprendido en nuestro primer capítulo, no hemos de preocuparnos por lo que comeremos, beberemos o con qué nos vestiremos. En lugar de ello, «debemos buscar primeramente el Reino de Dios y Su justicia, y... dejar de estar ansiosos» (Mt. 6:33, 34).

Atacad la ansiedad en vuestras vidas aplicando lo que habéis aprendido acerca del contentamiento. Tened confianza en la soberana providencia de Dios, y no permitáis que las circunstancias perturben vuestra existencia. En lugar de entregaros al pánico, asíos de la promesa de Romanos 8:28: «Y sabemos que todas las cosas cooperan para bien de los que aman a Dios, de los que son llamados conforme a su propósito.» Tened este versículo como una norma de vida espiritual para el resto de vuestra existencia. Además, esquivad la corriente de esta sociedad materialista, estando satisfechos con lo poco que tenéis, y más preocupados acerca del bienestar espiritual de otros, que de vuestras propias necesidades materiales. Sed obedientes a la Palabra de Dios y confiad en Su poder para suplir todas vuestras necesidades. ¡Que nuestro Señor conserve siempre frescos todos estos principios en nuestras mentes, para que podamos estar siempre contentos –y libres de toda ansiedad!

APÉNDICE
Salmos para los ansiosos

Estos extractos de los Salmos están pensados especialmente para atacar la ansiedad. Los mismos se expresan vivamente y ofrecen consuelo a los que tienen pensamientos y sentimientos de ansiedad, los cuales *todos* hemos experimentado alguna vez. Para sacar el máximo provecho de esta colección, tal vez deseéis examinarlos todos y poner una marca en los que se relacionan más particularmente con vuestro caso. Entonces sería conveniente que volvieseis a leer con cuidado aquellos que habéis marcado, tal vez en diferentes versiones de la Biblia. De éstos, seleccionad aquellos que os ayudan de forma más personal, y luego examinadlos nuevamente a la luz de todo el contexto. Para ayudaros en vuestro estudio profundamente, tened a mano un buen comentario sobre los Salmos, como *Los Tesoros de David,* 3 vols., de CH. Spurgeon. (McLean, Va.: Macdonald, n.d.).

Salmo 3:
«Mas tú, Jehová, eres escudo alrededor de mí; mi gloria, y el que levanta mi cabeza. *Con mi voz clamé a Jehová, y él me respondió* desde su monte santo. *Yo me acosté y dormí, y desperté, porque Jehová me sostenía. No temeré...* Levántate, Jehová; sálvame, Dios mío» (vv. 3-7).

161

Salmo 4:

«Respóndeme cuando clamo, oh Dios de mi justicia. *Cuando estaba en angustia, tú me hiciste ensanchar;* ten misericordia de mí, y oye mi oración. Sabed, pues, que Jehová ha escogido al piadoso para sí; Jehová oirá cuando yo a él clame. Temblad, y no pequéis; meditad en vuestro corazón estando en vuestra cama, y callad. Ofreced sacrificios de justicia, y confiad en Jehová. Muchos son los que dicen: ¿Quién nos mostrará el bien? Alza sobre nosotros, oh Jehová, la luz de tu rostro. Tú diste alegría a mi corazón mayor que la de ellos cuando abundan en grano y en mosto. *En paz me acostaré, y asimismo dormiré;* porque sólo tú, Jehová, me haces vivir confiado» (vv. 1, 3-8).

Salmo 5:

«Escucha, oh Jehová, mis palabras; *considera mi lamento. Está atento a la voz de mi clamor,* Rey mío y Dios mío, porque a ti oraré. Oh Jehová, de mañana oirás mi voz; de mañana me presentaré delante de ti, y esperaré. Porque tú no eres un Dios que se complace en la maldad; el malo no habitará junto a ti. *Pero alégrense todos los que en ti confían;* den voces de júbilo para siempre, porque tú los defiendes; *en ti se regocijen* los que aman tu nombre. Porque tú, oh Jehová, bendecirás al justo; como con un escudo lo rodearás de tu favor» (vv. 1-4, 11, 12).

Salmo 6:

«Jehová, no me reprendas en tu enojo, ni me castigues con tu ira. Ten misericordia de mí, oh Jehová, porque desfallezco; sáname, oh Jehová, porque mis huesos se estremecen. *Mi alma también está muy turbada;* y tú, Jehová, ¿hasta cuándo? Me he consumido a fuerza de gemir; todas las noches inundo de llanto mi lecho, riego mi cama con mis lágrimas. Mis ojos están gastados de sufrir… Apartaos de mí, todos los hacedores de iniquidad; porque Jehová ha oído la voz de mi llanto. Jehová ha escuchado mi ruego; ha acogido Jehová mi oración» (vv. 1-3, 6-9).

Salmo 7:

«Jehová, Dios mío, *en ti he confiado;* sálvame de todos los que me persiguen, y líbrame… Mi escudo está en Dios, que salva a los rectos de corazón. Alabaré a Jehová conforme a su justicia, y cantaré al nombre de Jehová el Altísimo» (vv. 1, 10, 17).

Salmo 8:

«¡Oh Jehová, Señor nuestro, cuán glorioso es tu nombre en toda la tierra! Has puesto tu gloria sobre los cielos… Cuando veo tus cielos, obra de tus dedos, la luna y las estrellas que tú formaste, digo: *¿Qué es el hombre, para que de él te acuerdes,* y el hijo del hombre, para que cuides de él? Le has hecho un poco inferior a los ángeles, y lo coronaste de gloria y de honra. Le hiciste señorear sobre las obras de tus manos; todo lo pusiste bajo sus pies» (1, 3-6).

Salmo 9:

«Te alabaré, oh Jehová, con todo mi corazón; contaré todas tus maravillas. Me alegraré y me regocijaré en ti; cantaré a tu nombre, oh Altísimo. Porque has mantenido mi derecho y mi causa; te has sentado en el trono juzgando con justicia… Pero Jehová permanecerá para siempre; ha dispuesto su trono para juicio. Él juzgará al mundo con justicia, y a los pueblos con rectitud. *Jehová será* ciudadela para el oprimido, *lugar fuerte para el tiempo de angustia.* En ti confiarán los que conocen tu nombre, *por cuanto tú, oh Jehová, no desamparas a los que te buscan»* (1, 2, 4, 7-10).

Salmo 10:

«*¿Por qué estás lejos, oh Jehová,* y te escondes en el tiempo de la tribulación?... Tú lo has visto; porque miras los trabajos y la vejación, para dar la recompensa con tu mano; a ti se acoge el desvalido; tú eres el amparo del huérfano» (vv. 1, 14).

Salmo 11:

«*En Jehová he confiado;* ¿cómo decís a mi alma que escape al monte cual ave? Si se socavan los fundamentos, ¿qué podrá hacer el justo? (vv. 1, 3).

Salmo 13:

«¿Hasta cuándo, Jehová? ¿Me olvidarás para siempre? ¿Hasta cuándo esconderás tu rostro de mí? *¿Hasta cuándo tendré congojas en mi alma, aflicción en mi corazón cada día?* ¿Hasta cuándo será enaltecido mi enemigo sobre mí? Mira, respóndeme, oh Jehová, Dios mío; alumbra mis ojos, para que no duerma de muerte... *Mas yo en tu misericordia he confiado;* mi corazón se alegrará en tu salvación. Cantaré a Jehová por el bien que me ha hecho» (1-3, 5, 6).

Salmo 16:

«*Guárdame, oh Dios,* porque en ti he confiado. Oh alma mía, dijiste a Jehová; tú eres mi Señor; no hay para mi bien fuera de ti. Jehová es la porción de mi herencia y de mi copa; tú garantizas mi suerte. Bendeciré a Jehová que me aconseja; aun en las noches me enseña mi conciencia. *A Jehová he puesto siempre delante de mí; porque está a mi diestra, no seré zarandeado.* Se alegró por tanto mi corazón, y se gozó mi alma; mi carne también reposará confiadamente... Me mostrarás la senda de la vida; en tu presencia hay plenitud de gozo; delicias a tu diestra para siempre» (vv. 1, 2, 5, 7-9, 11).

Salmo 18:

«Te amo, oh Jehová, fortaleza mía. Jehová, roca mía y castillo mío, y mi libertador; Dios mío, fortaleza mía, en él confiaré; mi escudo, y la fuerza de mi salvación, mi alto refugio... *Las olas de la muerte me envolvían,* y torrentes de perversidad me atemorizaron... En mi angustia invoqué a Jehová, y clamé a mi Dios. Él oyó mi voz desde su templo, y mi clamor llegó delante de él, a sus oídos... Desde el cielo alargó su mano y me agarró, me sacó de las profundas aguas... Me sacó a lugar espacioso; me libró, porque me amaba... Tú encenderás mi lámpara; *Jehová mi Dios alumbrará mis tinieblas.* Contigo desbarataré ejércitos, y con mi Dios asaltaré muros. En cuanto a Dios, perfecto es su camino, y acrisolada la palabra de Jehová; *escudo es a todos lo que en él esperan...* Quien hace mis pies como de ciervas, y en las alturas me sostiene en pie... Viva Jehová, y bendita sea mi roca, y enaltecido sea el Dios de mi salvación» (vv. 1, 2, 6, 16, 19, 28-30, 33, 46).

Salmo 19:

«*La ley de Jehová es perfecta, que reconforta el alma;* el testimonio de Jehová es fiel, que hace sabio al sencillo. Los mandamientos de Jehová son rectos, que alegran el corazón; el precepto de Jehová es puro, que alumbra los ojos... Sean gratos los dichos de mi boca y la meditación de mi corazón delante de ti, oh Jehová, roca mía, y redentor mío» (vv. 7, 8, 14).

Salmo 22:

«*Dios mío, Dios mío, ¿por qué me has desamparado?*
¿Por qué estás tan lejos de mi salvación, y de las palabras
de mi clamor? Dios mío, clamo de día, y no respondes;
y de noche, y no hay para mí reposo. Pero tú eres santo,
tú que habitas entre las alabanzas de Israel. En ti esperaron
nuestros padres; esperaron, y tú los libraste. Clamaron a
ti, y fueron librados; confiaron en ti, y no fueron avergonzados... Mas tú, Jehová, no te alejes; fortaleza mía, apresúrate a socorrerme. *Libra de la espada mi alma, de las
garras del perro mi vida...* Anunciaré tu nombre a mis
hermanos; en medio de la congregación te alabaré. Los
que teméis a Jehová, alabadle; glorificadle, descendencia
toda de Jacob, y temedle vosotros, descendencia toda de
Israel. Porque no menospreció ni desdeñó la aflicción del
afligido, ni de él escondió su rostro; sino que cuando
clamó a él, le escuchó» (vv. 1-5, 19, 20, 22-24).

Salmo 23:

«*Jehová es mi pastor;* nada me faltará. En lugares de
delicados pastos me hará descansar; junto a aguas de
reposo me pastoreará. Confortará mi alma; me guiará por
sendas de justicia por amor de su nombre. Aunque pase
por valle de sombra de muerte, no temeré mal alguno,
porque tú estarás conmigo; *tu vara y tu cayado me infun-
dirán aliento...* Ciertamente la bondad y la misericordia
me seguirán todos los días de mi vida, y en la casa de
Jehová moraré por largos días» (vv. 1-4, 6).

Salmo 25:

«A ti, oh Jehová, levantaré mi alma. Dios mío, en ti
confío; no sea yo avergonzado... Ciertamente ninguno de
cuantos esperan en ti será confundido... Muéstrame, oh

Jehová, tus caminos; enséñame tus sendas. Encamíname en tu verdad, y enséñame, porque tú eres el Dios de mi salvación; en ti he esperado todo el día... De los pecados de mi juventud, y de mis transgresiones, no te acuerdes; conforme a tu misericordia acuérdate de mí, por tu bondad, oh Jehová... Mis ojos están siempre vueltos hacia Jehová. Porque él sacará mis pies de la red. *Mírame, y ten misericordia de mí, porque estoy solo y afligido.* Las angustias de mi corazón se han aumentado; *sácame de mis congojas.* Mira mi aflicción y mis trabajos, y perdona todos mis pecados... Guarda mi alma, y líbrame; no sea yo avergonzado, porque en ti confié» (vv. 1-5, 7, 15-18, 20).

Salmo 27:
«Espera en Jehová; ten valor *y afianza tu corazón;* sí, espera en Jehová» (v. 14).

Salmo 28:
«A ti clamaré, oh Jehová. Roca mía, *no te desentiendas de mí,* para que no sea yo, dejándome tú, semejante a los que descienden al sepulcro... Bendito sea Jehová, que oyó la voz de mis ruegos. Jehová es mi fortaleza y mi escudo; *en él confió mi corazón, y fui socorrido,* por lo que exulta de gozo mi corazón, y con mi cántico le alabaré» (vv. 1, 6, 7).

Salmo 30:
«Te ensalzaré, oh Jehová, porque me has puesto a salvo... Jehová, Dios mío, a ti clamé, y me sanaste. Oh Jehová, hiciste subir mi alma del Seol; me hiciste revivir de entre los que descienden a la sepultura... *Por la noche nos visita el llanto, pero a la mañana viene la alegría.* En mi prosperidad dije yo: no seré jamás zarandeado, porque tú,

Jehová, con tu favor me afianzaste como monte fuerte... *Has cambiado mi lamento en una danza;* desataste mi sayal, y me ceñiste de alegría. A fin de que mi alma te cante y no esté callada. Jehová Dios mío, te alabaré por siempre» (1-3, 5-7, 11, 12).

Salmo 31:

«En ti, oh Jehová, he confiado; no sea yo confundido jamás... Inclina a mí tu oído, líbrame pronto; sé tú mi roca fuerte, y mi ciudadela para salvarme... En tus manos encomiendo mi espíritu... Me gozaré y alegraré en tu misericordia, *porque has visto mi aflicción; has conocido mi alma en angustias.* Ten misericordia de mí, oh Jehová, porque estoy en angustia; se han consumido de tristeza mis ojos, mi alma también y mis entrañas. Porque mi vida se va gastando de dolor, y mis años de suspirar... Mas yo en ti confío, oh Jehová; digo: Tú eres mi Dios. *En tu mano están mis tiempos...* Esforzaos todos vosotros los que esperáis en Jehová, y tome aliento vuestro corazón» (vv. 1, 2, 5, 7, 9, 10, 14, 15, 24).

Salmo 32:

«Mientras callé, se consumieron mis huesos en mi gemir de todo el día. *Porque de día y de noche pesaba sobre mí tu mano;* se volvió mi verdor en sequedades de estío. Mi pecado te declaré, y no encubrí mi iniquidad. Dije: Confesaré mis transgresiones a Jehová; y tú perdonaste la maldad de mi pecado. Por esto orará a ti todo santo en el tiempo... Ciertamente en la inundación de muchas aguas no llegarán éstas a él. *Tú eres mi refugio;* me guardarás de la angustia; con cánticos de liberación me rodearás» (vv. 3-7).

Salmo 34:

«Busqué a Jehová, y él me escuchó, *y me libró de todos mis temores. Los que miraron hacia él fueron alumbrados,* y sus rostros no fueron avergonzados. Este pobre clamó, y le escuchó Jehová, y lo libró de todas sus angustias. El ángel de Jehová acampa alrededor de los que le temen, y los defiende... Claman los justos, y Jehová oye, y los libra de todas sus angustias. *Cercano está Jehová a los quebrantados de corazón; y salva a los contritos de espíritu. Muchas son las aflicciones del justo, pero de todas ellas le librará Jehová»* (vv. 4-7, 17-19).

Salmo 37:

«*No te impacientes...* Confía en Jehová, y haz el bien... Pon asimismo tu delicia en Jehová, y él te concederá las peticiones de tu corazón. Encomienda a Jehová tu camino, y confía en él; y él actuará. Exhibirá tu justicia como la luz, y tu derecho como el mediodía. Guarda silencio ante Jehová, y espera en él... *Deja la ira, y depón el enojo; no te excites en manera alguna a hacer lo malo...* Mas el que sostiene a los justos es Jehová... Por Jehová son afianzados los pasos del hombre, y él aprueba su camino. Cuando cayere, no quedará postrado, porque Jehová sostiene su mano... Porque Jehová ama la rectitud, y no desampara a sus santos... La salvación de los justos viene de Jehová, y él es su refugio en el tiempo de la angustia» (vv. 1, 3-8, 17, 23, 24, 28, 39).

Salmo 38:

«Estoy debilitado y molido en gran manera; gimo a causa de la conmoción de mi corazón. Señor, delante de ti están todos mis deseos, y mi suspiro no te es oculto... *Porque yo estoy a punto de caer, y mi dolor está delante de mí continuamente...* No me desampares, oh Jehová; Dios mío, no te alejes de mí. *Apresúrate a ayudarme. Oh Señor, salvación mía*» (vv. 8, 9, 17, 18, 21, 22).

Salmo 40:

«Pacientemente esperé en Jehová, se inclinó hacia mí, y escuchó mi clamor. *Me extrajo del pozo de la desesperación,* del lodo cenagoso; afianzó mis pies sobre una roca, y consolidó mis pasos. *Puso luego en mi boca cántico nuevo,* un himno de alabanza a nuestro Dios. Verán esto muchos, y temerán, y confiarán en Jehová» (vv. 1-3).

Salmo 42:

«*¿Por qué te abates, oh alma mía, y te turbas dentro de mí?* Espera en Dios; porque aún he de alabarle, salvación mía y Dios mío. Dios mío, mi alma está abatida en mí; me acordaré, por tanto, de ti» (vv. 5, 6, ver también 42:11 y 43:5).

Salmo 46:

«*Dios es nuestro amparo y fortaleza, nuestro pronto auxilio en las tribulaciones.* Por tanto, no temeremos, aunque la tierra sea removida... Estad quietos, y conoced que yo soy Dios» (vv. 1, 2, 10).

Salmo 48:

«Grande es Jehová, y digno de ser en gran manera alabado... Que así es Dios, nuestro Dios eternamente y para siempre; *Él es nuestro guía perpetuo*» (vv. 1, 14).

Salmo 54:

«Oh Dios, sálvame por tu nombre, y con tu poder defiéndeme. Oh Dios, escucha mi oración; atiende a las razones de mi boca... *He aquí, Dios es el que me ayuda; el Señor está con los que sostienen mi vida...* Porque me has librado de toda angustia, y mis ojos han visto la ruina de mis enemigos» (vv. 1, 2, 4, 7).

Salmo 55:

«Escucha, oh Dios, mi oración, y no te retraigas a mi súplica. Atiéndeme, y respóndeme; clamo en mi oración, y me desasosiego... Mi corazón se estremece dentro de mí, y terrores de muerte sobre mí han caído. *El temor y el temblor vinieron sobre mí, y el espanto me ha cubierto.* Y dije: ¡Quién me diese alas como de paloma! Volaría yo, y descansaría. Ciertamente huiría lejos; moraría en el desierto. Me apresuraría a escapar del viento borrascoso, de la tempestad... En cuanto a mí, a Dios clamaré; y Jehová me salvará... *Echa sobre Jehová tu carga, y él te sustentará;* no dejará para siempre caído al justo... Pero yo en ti confiaré» (vv. 4-8, 16, 22, 23).

Salmo 56:

«En el día en que tengo miedo, yo en ti confío. En Dios alabaré su palabra; *en Dios he confiado; no temeré...* Porque has librado mi alma de la muerte, y mis pies de caída, para que ande delante de Dios en la luz de los que viven» (vv. 3, 4, 13).

Salmo 57:

«Ten misericordia de mí, oh Dios, ten misericordia de mí; porque en ti ha confiado mi alma, y *en la sombra de tus alas me ampararé hasta que pasen los quebrantos.* Clamaré al Dios Altísimo, al Dios que me favorece... Pronto está mi corazón, oh Dios... cantaré, y trovaré salmos... Porque grande es hasta los cielos tu misericordia, y hasta las nubes tu verdad» (vv. 1, 2, 7, 10).

Salmo 61:
«Oye, oh Dios, mi clamor; a mi oración atiende. Desde el confín de la tierra clamaré a ti, cuando mi corazón desmaye. *Llévame a la roca inaccesible para mí*» (vv. 1, 2).

Salmo 62:
«*Solamente en Dios descansa mi alma;* de él viene mi salvación. Solamente él es mi roca y mi salvación; es mi refugio, no resbalaré mucho» (vv. 1, 2).

Salmo 63:
«Oh Dios, mi Dios eres tú; de madrugada te buscaré; mi alma tiene sed de ti, mi carne te anhela, cual tierra seca y árida donde no hay aguas... Cuando me acuerdo de ti en mi lecho, *cuando medito en ti en las vigilias de la noche.* Porque has sido mi socorro, y así en la sombra de tus alas me regocijaré. *Está mi alma apegada a ti; tu diestra me sostiene*» (vv. 1, 2, 6-8).

Salmo 68:
«*Bendito el Señor; cada día nos colma de beneficios* el Dios de nuestra salvación. Dios, nuestro Dios ha de salvarnos, y de Jehová el Señor es el librar de la muerte» (vv. 19, 20).

Salmo 69:
«Sálvame, oh Dios, porque las aguas me llegan hasta el cuello. Estoy hundido en cieno profundo, donde no puedo hacer pie; he venido al fondo de las aguas, y me arrastra la corriente. Cansado estoy de llamar; mi garganta se ha enronquecido; han desfallecido mis ojos esperando a mi Dios... Dios, tú conoces mi insensatez, y mis pecados no te son ocultos. No sean avergonzados por causa mía los que en ti confían, oh Señor Jehová de los ejércitos;

no sean confundidos por mí los que te buscan, oh Dios de Israel... Pero yo a ti oraba, oh Jehová, al tiempo de tu buena voluntad; oh Dios, por la abundancia de tu misericordia, por la verdad de tu salvación, escúchame. Sácame del lodo, y no sea yo sumergido; sea yo libertado de los que me aborrecen, y de lo profundo de las aguas... Respóndeme, Jehová, porque benigna es tu misericordia; mírame conforme a tu gran compasión. No escondas de tu siervo tu rostro, *porque estoy angustiado; apresúrate,* óyeme. El escarnio ha quebrantado mi corazón, y estoy acongojado. *Esperé* quien se compadeciese de mí, y no lo hubo; *y consoladores, y ninguno hallé...* Mas en cuanto a mí, afligido y miserable, *tu salvación, oh Dios, me ponga en alto.* Alabaré yo el nombre de Dios con cántico, lo ensalzaré con himnos de alabanza... Porque Jehová oye a los menesterosos, y no menosprecia a sus cautivos» (vv. 1-3, 5, 6, 13, 14, 16, 17, 20, 29, 30, 33).

Salmo 70:
«Oh Dios, acude a librarme; *apresúrate, oh Dios, a socorrerme...* Gócense y alégrense en ti todos los que te buscan, y digan siempre los que aman tu salvación: Engrandecido sea Dios» (vv. 1, 14).

Salmo 71:
«En ti, oh Jehová, me he refugiado; no sea yo avergonzado jamás. Socórreme y líbrame en tu justicia; inclina tu oído y sálvame. Sé para mí una roca de refugio, adonde recurra yo continuamente. Tú has dado mandamiento para salvarme, porque tú eres mi roca y mi fortaleza... Yo, en cambio, esperaré siempre, y te alabaré más y más. Mi boca publicará tu justicia y tus hechos de salvación todo el día... Aun en la vejez y las canas, oh Dios, no me

desampares, hasta que anuncie tu poder a la posteridad, y tu potencia a todos los que han de venir... *Tú, que me has hecho ver muchas angustias y males, volverás a darme vida,* y de nuevo me levantarás de los abismos de la tierra. Aumentarás mi grandeza, y volverás a consolarme» (vv. 1-3, 14, 15, 18, 20, 21).

Salmo 73:
«*Se llenó de amargura mi alma, y en mi corazón sentía punzadas.* Tan torpe era yo, que no entendía; era como una bestia delante de ti. Con todo, yo siempre estoy contigo; *me tomaste* de la mano derecha. *Me has guiado según tu consejo,* y después me recibirás en gloria. ¿A quién tengo yo en los cielos sino a ti? Estando contigo, nada me deleita ya en la tierra. Mi carne y mi corazón desfallecen; mas la roca de mi corazón y mi porción es Dios para siempre» (vv. 21-26).

Salmo 77:
«Con mi voz clamé a Dios, a Dios clamé, y él me escuchará. Al Señor busqué en el día de mi angustia; alzaba a él mis manos de noche, sin descanso; *mi alma rehusaba consuelo*... No me dejabas pegar los ojos; *estaba yo quebrantado, y no hablaba.* Consideraba los días desde el principio, los años de los tiempos pasados... Y mi espíritu inquiría: ¿Desechará el Señor para siempre, y no volverá más a sernos propicio?... ¿Ha olvidado Dios el tener misericordia? Me acordaré de las obras de JAH; sí, haré memoria de tus antiguos portentos. Meditaré en todas tus obras, y hablaré de tus hazañas. Oh Dios, santo es tu camino; ¿qué dios es grande como nuestro Dios? Con tu brazo redimiste a tu pueblo, a los hijos de Jacob y de José. (vv. 1, 2, 4-6, 9, 11-13, 15).

Salmo 84:

«Bienaventurado el hombre que tiene en ti sus fuerzas, en cuyo corazón están tus caminos... Irán de fortaleza en fortaleza; verán a Dios en Sión... *Porque sol y escudo es Jehová Dios;* Gracia y gloria dará Jehová. No quitará el bien a los que andan en integridad. Jehová de los ejércitos, dichoso el hombre que en ti confía» (vv. 5, 7, 11, 12).

Salmo 86:

«Inclina, oh Jehová, tu oído, y escúchame. *Porque estoy afligido y menesteroso.* Guarda mi alma, porque soy piadoso; salva tú, oh Dios mío, a tu siervo que en ti confía. Ten misericordia de mí, oh Jehová; *porque a ti clamo todo el día.* Alegra el alma de tu siervo, porque a ti, oh Señor, levanto mi alma» (vv.1-4).

Salmo 89:

«*Bienaventurado el pueblo que sabe aclamarte;* andará, oh Jehová, a la luz de tu rostro. En tu nombre se alegrará todo el día, y en tu justicia será enaltecido. Porque tú eres el esplendor de su potencia, y por tu buena voluntad acrecentarás nuestro poder» (vv. 15-17).

Salmo 90:

«*Vuélvete, oh Jehová;* ¿hasta cuándo? Ten compasión de tus siervos. De mañana sácianos de tu misericordia, y cantaremos y nos alegraremos todos nuestros días. *Alégranos a la medida de los días en que nos afligiste,* y de los años en que vimos el mal. Descienda el favor del Señor, nuestro Dios, sobre nosotros, y ordena en nosotros la obra de nuestras manos» (vv. 13-15, 17).

Salmo 91:

«El que habita al abrigo del Altísimo y mora bajo la sombra del Omnipotente, dice a Jehová: Esperanza mía, y castillo mío; mi Dios, en quien confío… *Por cuanto en mí ha puesto su amor, yo también lo libraré;* le pondré en alto, por cuanto ha conocido mi nombre. Me invocará, y yo le responderé; con él estaré yo en la angustia; lo libraré y le glorificaré. Lo saciaré de larga vida, y le mostraré mi salvación» (vv. 1, 2, 14, 15).

Salmo 94:

«Cuando yo digo: Mi pie resbala, tu misericordia, oh Jehová, me sustenta. *En la multitud de mis preocupaciones dentro de mí, tus consolaciones alegran mi alma…* Mas Jehová me ha sido por baluarte, y mi Dios por roca de mi refugio» (18, 19, 22).

Salmo 100:

«Servid a Jehová con alegría; venid ante su presencia con regocijo. *Porque Jehová es bueno; para siempre es su misericordia,* y su verdad por todas las generaciones» (vv. 2, 5).

Salmo 102:

«Jehová, escucha mi oración, y llegue a ti mi clamor. No escondas de mí tu rostro en el día de mi angustia; inclina a mí tu oído; apresúrate a responderme el día en que te invoque… *Mi corazón está marchito como la hierba cortada, y me olvido de comer mi pan.* Por la voz de mis gemidos mis huesos se han pegado a mi piel… Me desvelo y gimo como el pájaro solitario sobre el tejado… A causa de tu enojo y de tu ira; pues me alzaste en vilo y me has arrojado… Habrá considerado la oración de los desvalidos, y no habrá desechado el ruego de ellos» (vv. 1, 2, 4, 5, 7, 10, 17).

Salmo 103:

«Misericordioso y clemente es Jehová; lento para la ira, y grande en misericordia. No recrimina para siempre, ni para siempre guarda el enojo. No ha hecho con nosotros conforme a nuestras iniquidades, ni nos ha pagado conforme a nuestros pecados. *Porque como la altura de los cielos sobre la tierra, engrandeció su misericordia sobre los que le temen...* Como el padre se compadece de los hijos, se compadece Jehová de los que le temen. Porque él conoce nuestra condición; *se acuerda de que somos polvo»* (vv. 8-11, 13, 14).

Salmo 107:

«*Yacían en tinieblas y sombra de muerte,* aprisionados en aflicción y en hierros, por cuanto fueron rebeldes a las palabras de Jehová... Luego que *clamaron a Jehová en su angustia, los libró de sus aflicciones...* Fueron afligidos los insensatos, a causa del camino de su rebelión y a causa de sus maldades... y llegaron hasta las puertas de la muerte. Pero clamaron a Jehová en su angustia, y los libró de sus aflicciones. Envió su palabra, y los sanó, y los libró de su ruina. Alaben la misericordia de Jehová, y sus maravillas para con los hijos de los hombres... Mas él levanta de la miseria al pobre. Y hace multiplicar las familias como rebaños de ovejas. Véanlo los rectos y alégrense, y todos los malos cierren su boca» (vv. 10, 11, 13, 17-21, 41, 43).

Salmo 112:

«Bienaventurado el hombre que teme a Jehová, y en sus mandamientos se deleita en gran manera... Por lo cual no será zarandeado jamás; en memoria eterna será el justo. *No tendrá temor de malas noticias; su corazón está firme,* confiado en Jehová. Seguro está su corazón; no temerá» (vv. 1, 6-8).

Salmo 116:

«*Amo a Jehová, pues ha escuchado la voz de mis súplicas;* porque ha inclinado a mí su oído cuantas veces le he invocado en mi vida. Me rodearon ligaduras de muerte, me alcanzaron las angustias del Seol; en angustia y dolor me encontraba yo... Jehová guarda a los sencillos; *estaba yo postrado, y me salvó.* Recobra, oh alma mía, tu calma, porque Jehová te ha procurado bienes. Pues tú has librado mi alma de la muerte, mis ojos de las lágrimas, y mis pies de resbalar. Andaré delante de Jehová en la tierra de los vivientes.» (vv. 1-3, 6-9).

Salmo 118:

«En mi angustia invoqué a JAH, y me respondió JAH poniéndome en lugar espacioso. *Jehová está conmigo; no temeré lo que me pueda hacer el hombre...* Mejor es confiar en Jehová que confiar en el hombre... Me empujaste con violencia para que cayese, pero me ayudó Jehová. Mi fortaleza y mi cántico es JAH, y él me ha sido por salvación... No moriré, sino que viviré, y contaré las obras de JAH. *Me castigó gravemente JAH, mas no me entregó a la muerte*» (vv. 5, 6, 8, 13, 14, 17, 18).

Salmo 119:

«*Abatida hasta el polvo está mi alma; reanímame según tu palabra...* Se deshace mi alma de ansiedad; susténtame según tu palabra... Ella es mi consuelo en mi aflicción, porque tu dicho me ha vivificado... Antes que fuera yo humillado, andaba descarriado; mas ahora guardo tu palabra. *Bueno eres tú, y bienhechor; enséñame tus estatutos... Ha sido un bien para mí el haber sido humillado, para que aprendiera tus estatutos...* Desfallece mi alma por tu salvación, y espero en tu palabra. Desfallecen mis ojos por tu palabra, mientras digo: ¿Cuándo me consolarás? Si tu ley no hubiese sido mi delicia, ya habría perecido en mi desdicha... Afligido estoy en gran manera; hazme vivir, oh Jehová, conforme a tu palabra... Aflicción y angustia se han apoderado de mí, mas tus mandamientos son mis delicias... *Mucha paz tienen los que aman tu ley, y no hay para ellos tropiezo»* (vv. 25, 28, 50, 67, 68, 71, 81, 82, 92, 107, 143, 165).

Salmo 120:
«*A Jehová clamé estando en angustia,* y él me respondió» (v. 1).

Salmo 121:
«*Alzo mis ojos a los montes; ¿de dónde vendrá mi socorro? Mi socorro viene de Jehová,* que hizo los cielos y la tierra... *No dejará que tu pie titubee.* Ni se dormirá el que te guarda... Jehová es tu guardián; Jehová es tu sombra a tu mano derecha... Jehová te guardará de todo mal; Él guardará tu alma. Jehová guardará tu salida y tu entrada desde ahora y para siempre» (vv. 1, 2, 3, 5, 7, 8).

Salmo 123:
«He aquí, como los ojos de los siervos miran a la mano de sus señores... así nuestros ojos *miran* a Jehová nuestro Dios, hasta que tenga misericordia de nosotros» (v. 2).

Salmo 126:
«*Irá andando y llorando* el que lleva la preciosa semilla; *mas volverá a venir con regocijo,* trayendo sus gavillas» (v. 6).

Salmo 130:
«*Desde lo profundo, oh Jehová, a ti clamo.* Señor, escucha mi voz; estén atentos tus oídos a la voz de mi súplica. JAH, si miras a los pecados, ¿quién, oh Señor, podrá mantenerse en pie? Pero en ti hay perdón, para que seas reverenciado. *Espero yo en Jehová,* espera mi alma; *pendiente estoy de su palabra*» (vv. 1-5).

Salmo 131:
«Jehová, no está envanecido mi corazón, ni mis ojos son altivos; no ando tras grandezas, ni tras cosas demasiado sublimes para mí. *Sino que me he calmado y he acallado mi alma* como un niño destetado de su madre; como un niño destetado está mi alma. *Espera, oh Israel, en Jehová, desde ahora y para siempre*» (vv. 1-3).

Salmo 138:
«El día en que te invoqué, me respondiste; fortaleciste el vigor en mi alma... Porque Jehová es excelso, y atiende al humilde, mas al altivo lo trata a distancia. Cuando camino yo en medio de la angustia, tú me vivificas... y me salva tu diestra. Jehová completará sus designios sobre mí; tu misericordia, oh Jehová, es para siempre» (vv. 3, 6-8).

Salmo 139:
«Oh Jehová, tú me has escrutado y me conoces. Percibes desde lejos mis pensamientos. Escudriñas mi andar y mi

180

reposo, y todos mis caminos te son conocidos. Pues aún no está la palabra en mi lengua, y he aquí, oh Jehová, te la sabes toda... ¿Adónde me iré lejos de tu espíritu? ¿Y adónde huiré de tu presencia?... Si tomara las alas del alba y emigrara hasta el confín del mar, aun allí me alcanzaría tu mano, y me agarraría tu diestra... Porque tú formaste mis entrañas; tú me tejiste en el vientre de mi madre. Te alabo, porque formidables, prodigiosas son tus obras; prodigio soy yo *mismo,* y mi alma lo sabe muy bien... Mi embrión lo veían tus ojos, mis días estaban previstos, escritos todos en tu libro, sin faltar uno... *Escudríñame, oh Dios, y conoce mi corazón;* pruébame *y conoce mis pensamientos;* y ve si hay en mí camino de perversidad, y guíame en el camino eterno» (vv. 1-4, 7, 9, 10, 13, 14, 16, 23, 24).

Salmo 142:

«Con mi voz clamo a Jehová; con mi voz suplico a Jehová misericordia. Delante de él expongo mi queja; delante de él manifiesto mi angustia. *Cuando mi espíritu desfallece dentro de mí,* tú conoces mi senda» (vv. 1-3).

Salmo 143:

«Y mi espíritu se angustia dentro de mí; *está desolado mi corazón.* Recuerdo los días de antaño; medito en todas tus obras; reflexiono sobre las obras de tus manos. Extiendo mis manos hacia ti. Mi alma hacia ti como la tierra sedienta... Hazme sentir por la mañana tu misericordia, porque en ti he confiado; hazme saber el camino por donde debo andar, porque hacia ti elevo mi alma. Líbrame de mis enemigos, oh Jehová; en ti me refugio. *Enséñame a hacer tu voluntad,* porque tu eres mi Dios; *tu buen espíritu me guíe por terreno llano*» (vv. 4-6, 8-10).

Salmo 145:

«*Sostiene Jehová* a todos los que caen, *y endereza a todos los que ya se encorvan.* Los ojos de todos esperan en ti, y tú les das su comida a su tiempo... Cercano está Jehová a todos los que le invocan, a todos los que le invocan de veras» (vv. 14, 15, 18).

Salmo 146:

«Alaba, oh alma mía, a Jehová. Alabaré a Jehová en mi vida; *cantaré salmos a mi Dios mientras viva*» (vv. 1, 2).

Salmo 147:

«Alabad a JAH, porque es bueno cantar salmos a nuestro Dios; porque él es benigno, y conviene *tributarle* una alabanza armoniosa... *Él sana a los quebrantados de corazón, y venda sus heridas... Grande es el Señor nuestro,* y de mucho poder; y su entendimiento es infinito. Jehová levanta a los humildes, y humilla a los impíos hasta la tierra... Se complace Jehová en los que le temen, y en los que esperan en su misericordia» (vv. 1, 3, 5, 6, 11).

GUÍA PARA EL ESTUDIO PERSONAL Y EN GRUPO

Antes de empezar vuestro estudio personal o en grupo sobre *Enfrentando la ansiedad*, tomaos el tiempo suficiente para leer estos comentarios introductorios.

Si el lector está haciendo un estudio propio, tal vez quiera adaptar ciertas secciones (por ejemplo, la iniciación o introducción para «romper el hielo», «rompehielos»), y escribir sus respuestas a todas las preguntas en una libreta separada. Quizá resulte más provechoso o más motivador estudiar con un compañero con quien pueda compartir las respuestas y puntos de vista.

Si desea guiar un grupo de estudio, entonces quizá quiera pedir a los miembros del mismo que cada uno lea un capítulo que le sea asignado, y luego trabajen juntos en las preguntas sobre el estudio antes de que el grupo se reúna. Este sistema no siempre resulta fácil en el caso de adultos muy ocupados, de modo que el líder del grupo tendrá que animarles mediante llamadas telefónicas o notas entre las reuniones. Ayude a los miembros del grupo a administrar su tiempo, sugiriéndoles que aparten una hora del día o de la semana para que puedan dedicarse al estudio. También pueden querer escribir sus respuestas a las preguntas en una libreta. Para ayudar al grupo a mantener charlas e intercambio de ideas enfocadas en el material de estudio que ofrece este libro, es importante que cada miembro tenga su propio ejemplar del libro.

Notad que cada sesión incluye los siguientes aspectos:

Tema del capítulo: Una breve exposición resumiendo el capítulo.

Rompehielos: Una actividad para ayudar a cada miembro a familiarizarse mejor con el tópico de la sesión, y con los demás miembros del grupo.

Preguntas indagadoras para el grupo: Una lista de preguntas para animar a los integrantes del grupo a descubrir y analizar el tema, o para estimular la participación del grupo.

Preguntas de aplicación personal: Una ayuda para aplicar el conocimiento ganado a través del estudio a la vida personal de cada individuo. (Nota: Éstas son preguntas importantes para que los miembros del grupo respondan por sí mismos, si es que no desean discutir sus respuestas en la reunión de estudio).

Enfoque en la oración: Sugerencias para llevar a la oración lo que se ha aprendido.

Tarea: Actividades o preparación para completar antes de la próxima sesión.

He aquí algunas sugerencias que pueden ayudarle más efectivamente a llevar un pequeño grupo de estudio:

Ore por cada miembro del grupo, pidiéndole al Señor que le ayude a crear una atmósfera abierta donde todos se sientan libres para compartir los pensamientos unos con otros y con usted.

Anime a los miembros del grupo a traer sus Biblias, sus libros y libretas de anotaciones para cada sesión. Este libro está basado en la revisión 1977 de la Biblia, pero es interesante tener a mano otras versiones en cada sesión del grupo, para estudios comparativos.[*]

184

Empiece y termine a horas fijas. Esto es especialmente importante para la primera reunión del grupo, porque sentará los precedentes para el resto de las sesiones.

Comience con una oración, pidiéndole al Espíritu Santo que abra los corazones y las mentes de los miembros del grupo y les dé entendimiento, de modo que cada uno pueda aplicar prácticamente la verdad aprendida.

Involucre a todos los miembros. Como estudiantes, retenemos sólo el 10 por ciento de lo que oímos, el 20 por ciento de lo que vemos, el 65 por ciento de lo que oímos y vemos al mismo tiempo, pero el 90 por ciento de lo que oímos, vemos y hacemos a la vez.

Promueva una atmósfera amistosa y agradable, sin tensiones. Disponga las sillas en círculo o semicírculo. Esto permitirá el contacto visual entre los miembros del grupo y dará paso a una discusión dinámica. Muestre una actitud relajada y abierta para con los demás.

---

* Nota del traductor. En inglés, el idioma original en que fue escrito este libro, el autor ha usado la versión de la Biblia *American Standard Bible*. Al traducirlo al castellano, se ha usado la revisión 1977.

1

Observando cómo
Dios cuida de nosotros

Tema del Capítulo
En Mateo 6:25-34 el Señor Jesús dijo que no debíamos estar ansiosos por la abundante evidencia que hay alrededor nuestro del generoso cuidado que Dios tiene por las necesidades de Sus amados.

Rompehielos
1. Suponga que usted es Sherlock Holmes y está hablando con el Dr. John Watson acerca de cómo ser un observador más minucioso. Explíquele la lógica de lo que dijo el Señor Jesús sobre la observación en Mateo 6:25-34.

2. Si usted estuviese hablando con un niño pequeño sobre un hermoso día de primavera, ¿qué cosas podría señalarle con el fin de ilustrar la abundante provisión de Dios para las necesidades del mundo?

Preguntas de aplicación personal
1. ¿Qué clase de orden está impartiendo el Señor Jesús en Mateo 6:25-34?

2. Explique la etimología de la palabra *preocuparse.*

3. Si usted *se preocupa*, ¿es esta preocupación aceptable en alguna medida por ser debida a cosas básicas para la vida y no a cosas innecesarias o a lujos? ¿Por qué sí o por qué no?

4. ¿Implica el hecho de tener una cuenta de ahorros o un seguro de vida una falta de fe en Dios? Explique su respuesta.

5. Explique cómo el hecho de saber quién es Dios se relaciona con nuestras preocupaciones acerca de las necesidades básicas de la vida.

6. Al pensar en las aves del cielo, ¿qué le sugiere este pensamiento acerca de cómo conducir su vida?

7. ¿Está el mundo enfrentándose a una época de hambre? Explique cómo el Departamento de Agricultura de los Estados Unidos responde a esta pregunta, y luego diga en qué forma se relaciona con las preocupaciones.

8. ¿Cómo puede usted experimentar vida plena –no importa cuán corta o larga sea su duración?

9. ¿Qué nos dice el despliegue de increíble belleza que Dios hace en las flores que son temporales, acerca de lo que provee para Sus hijos?

10. Explique con relación a la ansiedad, el concepto de creer en Dios para el don mayor, pero no para el menor.

11. ¿Cómo paraliza la preocupación a su víctima?

12. Explique qué dice Jay Adams sobre el mañana que pertenece a Dios.

13. ¿Cómo se relaciona el hecho de buscar el reino de Dios como prioridad para nuestra vida, con la ansiedad?

Preguntas de aplicación personal

1. ¿Cuál es la preocupación principal de su corazón? ¿Está usted más preocupado con el reino de Dios o con las cosas de este mundo? Piense cuidadosamente y sea honesto con usted mismo. Para ayudarle en su evaluación, haga una lista de las diferentes cosas que hace durante la semana. Al lado de cada una de ellas, anote si ese período de tiempo lo gasta en usted o en Dios. ¿Cómo pasa la

mayoría de su tiempo? ¿Necesita emplear más parte de su tiempo concentrándose en las cosas celestiales? Tome una de las cosas que ha anotado en su lista, y hágase la determinación de no emplear ese tiempo para usted. Antes bien, decida como prioridad absoluta invertir ese tiempo con Dios durante esa misma semana. Haga lo mismo con otro asunto de su lista la semana entrante, hasta que esté empleando más de su tiempo libre en las cosas del Señor que en las suyas propias.

2. Piense en las muchas cosas que hace un padre por sus hijos. ¿Cuántas de esas cosas ha hecho Dios por usted? ¿Cuántas cosas de las que Él ha hecho exceden aún a las anteriores? ¿Qué le dice esto acerca del amor especial que Dios tiene para usted como hijo Suyo? ¿Cómo se relaciona esto con su ansiedad? Tómese tiempo para darle gracias a Dios por Su amor y Su cuidado para con usted. Entonces comience a echar su ansiedad sobre Él, encomendando a Su cuidado una de las cosas de su lista de nuestra primera pregunta.

Enfoque en la oración

Para establecer mejor las prioridades de su vida, memorice 1ª Corintios 10:31: «Así pues, ya sea que comáis, que bebáis, o que hagáis cualquier otra cosa, hacedlo todo para la gloria de Dios.» Medite este versículo ante el Señor, y al hacerlo, examine la actitud de su corazón. ¿Desea dar a Dios la gloria porque le ama? ¿Está dispuesto a estar contento y no preocuparse –aun si tiene la tendencia a hacerlo– como una forma de darle la gloria?

Tarea

Lea los pasajes de Génesis 3:18, 19 y 2ª Tesalonicenses 3:10. ¿De qué forma ha ordenado Dios que el hombre se gane su sustento? ¿Qué ocurre si el hombre no quiere seguir los designios de Dios? Si el hombre sigue Sus designios, Dios proveerá para él así como lo hace para las aves. Lea los siguientes versículos: Levítico 26:3-5; Deuteronomio 5:32, 33; 8:1; Jeremías 38:20 y Juan 12:26. ¿Qué hace Dios por aquellos que son obedientes a Él? ¿Cómo se relacionan estos versículos con su preocupación sobre las necesidades? En lugar de preocuparse, ¿qué podría estar haciendo? Haga de ello un objetivo para buscar el reino de Dios y Su justicia por medio de la obediencia.

2

Evitando la ansiedad
por medio de la oración

Tema del capítulo

De Filipenses 4:6-9 aprendemos que la mejor forma de evitar la ansiedad es por medio de la oración. Los próximos pasos a dar, son tener un patrón de pensamiento correcto y actuar en consecuencia.

Rompehielos

1. Cuando Jonás fue tragado por un gran pez, respondió a su situación con una oración de acción de gracias. Piense en cómo respondería si de pronto se encontrase en la situación de Jonás. ¿Qué le diría a Dios?

2. Una amiga le confía que está al borde del abismo a causa de las dificultades por las que está atravesando. Se pregunta si podrá ser porque piensa demasiado en ello. Déle una respuesta inteligente basada en lo que ha aprendido de Mateo 6 y Filipenses 4.

Preguntas indagadoras para el grupo

1. ¿Cuál es la mejor manera de evitar la ansiedad? Respalde su respuesta con la Escritura.

2. ¿Cómo hemos de orar?

3. Llene los espacios punteados: El verdadero desafío para la vida cristiana no consiste en eliminar las circunstancias desfavorables de nuestras vidas, sino . . . .
. . . . en medio de cada situación.

4. ¿Cuándo nos da el Señor Su paz?

5. Si nos deshacemos del pecado de la preocupación por medio de nuestras oraciones, ¿cuál es el próximo paso a dar en la madurez cristiana?

6. Llene los espacios punteados. La fe es . . . . a la verdad revelada.

7. ¿Cuál es el principal agente de Dios para purificar el pensamiento? Recite de memoria los versículos que se adecúan a su respuesta.

8. Resuma las principales cosas en las cuales debemos pensar según la Palabra de Dios. ¿Cómo se aplican a la ansiedad?

9. ¿Cuál es el secreto de un patrón de pensamiento piadoso?

10. ¿Cómo las actitudes, los pensamientos y las acciones piadosas obran juntamente?

11. Llene los espacios punteados: La conducta pura produce . . . . espiritual y . . . .

12. ¿Cuál es la mejor protección contra las preocupaciones?

Preguntas de aplicación personal

1. No estar ansiosos por nada significa confiar completamente en Dios en cada circunstancia de nuestra vida. Dios puede ayudarnos a manejar sabiamente nuestros problemas, aún cuando no siempre los entendamos. Cuando usted se enfrenta a un nuevo problema, ¿se siente más capacitado para orar sobre él o se preocupa nuevamente? He aquí algunos de los problemas más comunes que pueden presentarse en la vida del cristiano. Una cada uno de ellos con el versículo apropiado, y memorice aquellos que hablan sobre sus necesidades:

192

1. Dificultades financieras	a. Romanos 8:29-39
2. Injusticias	b. Mateo 28:20
3. Dudas sobre su salvación	c. 1ª Juan 1:9
4. Sentir que Dios no nos puede perdonar	d. Salmo 37:1-11
5. Soledad	e. Filipenses 4:19

2. ¿Experimenta usted el gozo de la oración no contestada? Una de las mejores maneras de garantizar que lo hará, es mantener un registro de sus peticiones de oración. A medida que pasa el tiempo y va recibiendo las respuestas a sus oraciones, también verá claramente que Dios ha estado obrando en su vida. Para hacer su propia lista de oración, escriba sus peticiones diarias y la fecha en que las hizo. Luego a medida que van siendo contestadas ponga una marca al lado de la petición correspondiente. Esta práctica no sólo hará que esté más seguro de las respuestas de Dios a sus oraciones, sino que también le servirá como un recordatorio constante de lo que Dios ha hecho por usted en el pasado. Esto será una gran fuente de consuelo cuando el futuro le parezca incierto.

Enfoque en la oración

El puritano John Owen presentó esta analogía para demostrar la importancia de enfocar la atención de forma continua sobre las cosas espirituales:

«Los pensamientos de las cosas espirituales son muchos, como los invitados que entran en una posada, y no como los niños que viven en la casa. Se presentan de forma ocasional, y a su llegada se organiza un gran alboroto para tratar de atenderles bien. En un corto período de tiempo se van, y ya no se les recuerda ni se les busca más. La ocupación por cosas de otra naturaleza toma su lugar.

Nuevas ocasiones traerán nuevos invitados, también por un corto tiempo.

[Sin embargo, a los hijos que moran en la casa] se les echa de menos cuando se van, y tienen su provisión diaria de forma constante. Del mismo modo ocurre con estos pensamientos ocasionales acerca de las cosas espirituales. Por uno u otro medio entran en la mente, y allí son atendidos durante un tiempo. De pronto se van, y los hombres ya no oyen más acerca de ellos. Pero aquellos que son naturales y genuinos, que disponen la mente hacia ellos y surgen de la primavera viviente de la gracia en el corazón, son como los hijos de la casa; se espera que ocupen sus lugares a su tiempo. Si faltan, se les busca. El corazón les necesita y les llama (para tener una anhelada conversación) con ellos» (*The Grace and Duty of Being Spiritually Minded* [Grand Rapids: Baker, 1977], pp. 62-63.)

Recordando estos pensamientos, haga de ésta su oración: «Sean gratos los dichos de mi boca y la meditación de mi corazón delante de ti, oh Jehová, roca mía, y redentor mío» (Salmo 19:14).

Tarea
En su libro *Spiritual Intimacy*, Richard Mayhue escribió:

«Para la mayoría de nosotros oír algo no es suficiente. Para meditar brevemente sobre un tema profundo… no tenemos tiempo suficiente para absorber y comprender completamente su significado. Así ocurre con nuestra capacidad para percibir y captar la mente de Dios en las Escrituras. A veces la idea de meditar nos lleva a malos entendidos, de manera que os pido que me dejéis ilustrar su significado.

194

Para mí, la ilustración más viva es la manera en que funciona una cafetera. El agua sube por un tubo y va cayendo hacia abajo a través de los granos de café. Al terminar de pasar, el sabor de los granos de café han sido transferidos al agua a la que entonces llamamos café. De la misma forma, necesitamos que nuestros pensamientos pasen a través de los "terrenos" de la Palabra de Dios, hasta que empecemos a pensar como Dios» ([Wheaton, Ill. Víctor, 1990], pp. 46-47).

Renovad vuestra mente meditando regularmente en la Palabra de Dios. Esta práctica traerá a vuestra memoria aquello que es espiritualmente saludable y le alejará de lo que es perjudicial –incluida la ansiedad. Lea diferentes versiones de la Biblia y use esquemas distintos para poder leer toda la Biblia en el término de un año. Un esquema cronológico resulta especialmente útil, pues nos introducirá en la corriente de la Palabra de Dios, así como Él la reveló en la historia de la humanidad.

3

Echando vuestra ansiedad sobre Dios

Tema del capítulo
En 1ª Pedro 5:5-7 aprendemos que una humilde actitud de confianza en Dios y en Su decisión de obrar cuando Él lo crea más oportuno, nos capacita para echar verdaderamente todos nuestros cuidados sobre Él.

Rompehielos
1. En Juan 13, el Señor Jesús dio una gran ilustración de la humildad, lavando los pies de Sus discípulos. ¿Qué ilustraciones ha observado de nuestra cultura, que puedan ser comparables a la que acabamos de mencionar?
2. Suponga que está hablando con un miembro de su familia que se encuentra resentido por lo que la poderosa mano de Dios ha traído sobre su vida. Está agitado y habla con un resentimiento similar al expresado por Omar Khayyam y por Job. ¿Cómo podría usted ayudarle?

Preguntas indagadoras para el grupo
1. ¿De dónde nos viene la habilidad de echar adecuadamente todos nuestros cuidados y ansiedades sobre Dios?
2. ¿Qué opinión tenía el mundo antiguo sobre la humildad? ¿Cómo se relaciona la misma con nuestros tiempos?
3. ¿Cuál es la aplicación práctica del lavamiento de pies en Juan 13?

4. Llene los espacios punteados: Del Señor Jesús aprendemos que el primer paso para disfrutar las bendiciones de la humildad es el de inclinarnos a servir aunque . . . .

5. ¿Qué hecho sencillo de la vida espiritual nos motiva a ser humildes?

6. Cuando nos enfrentamos con la majestad de la omnipotencia de Dios, ¿qué factor de equilibrio hemos de recordar?

7. Llene los espacios punteados: Nunca vea la poderosa mano de Dios en su vida como . . . . sino como . . . .

8. Describa el tiempo perfecto que Dios tiene para obrar en relación con nuestras pruebas presentes.

9. ¿Qué quiere Dios que hagamos con toda nuestra ansiedad? Dé un ejemplo del Antiguo Testamento de alguien que haya hecho lo mismo.

10. Cuando está soportando una gran carga y alguien le trata sin ninguna sensibilidad, haciendo que esa carga se agrave aún más, ¿cuál es la forma bíblica de responder?

11. ¿Qué consejo práctico nos da Jay Adams para que dejemos de preocuparnos?

Preguntas de aplicación personal

1. ¿Cuán humilde piensa que es usted, la persona que le es más cercana? Una manera de lograr una respuesta exacta es preguntarle a esa persona de qué tipo de acciones similares a las de Juan 13 le gustaría ser receptora. Después de oír la respuesta, piense cuidadosamente en esto: ¿Ha hecho usted alguna de estas cosas para esa persona?

2. A menudo consideramos el estrés y el sufrimiento como si fuesen experiencias que debemos evitar a toda costa. Robert Murray McCheyne refleja el punto de vista

de Dios al escribir: «Los cristianos que no han sufrido tienen un gran vacío. Algunas flores deben quebrarse o machacarse para que pueda sentirse su perfume» (citado de *More Gathered Gold: A Treasury of Quotations for Christians,* editado por John Blanchard [Welwyn, Eng.: Evangelical Press, 1986], p. 315). ¿Ve aquellas cosas que le hacen estar ansioso como algo que deba evitarse, o como una oportunidad para proyectar la fragancia de una vida transformada?

Enfoque en la oración

Los seres humanos somos propensos a perturbarnos mucho más por una gran aflicción que nos afecta que por un pecado «trivial» como la preocupación. Sin embargo, desde el punto de vista de Dios, «Hay más maldad en una gota de pecado que en un mar de aflicción» (Thomas Watson, citado del *More Gathered Gold,* p. 325). Pídale al Señor que le ayude a estar más preocupado por evitar el pecado que por su bienestar personal.

Tarea

En Proverbios 15:33 leemos así: «Y a la honra precede la humildad.» ¿Cuán a menudo recibe órdenes de ambas cosas a la vez? Lea Santiago 4:1-10. ¿Qué ocurre cuando se exalta a sí mismo? ¿Qué ocurre cuando se humilla ante Dios? Recuerde que la amistad contra el mundo es hostilidad para con Dios (v. 4). Durante la pasada semana, ¿ha manifestado usted alguna hostilidad hacia Dios? Nuestro mundo está caracterizado por el orgullo, que penetra profundamente en la personalidad y es altamente contaminante. Durante esta semana póngase la meta de comenzar a erradicar el orgullo de su vida, desarrollando una actitud más humilde.

4

Viviendo una vida de fe y confianza

Tema del capítulo
El comienzo de la fe es el fin de la ansiedad y viceversa. Hebreos 11–12 y los Salmos ilustran esta verdad de muchas maneras.

Rompehielos
1. Imagínese que usted es George Müller en el mundo de hoy. ¿Qué tragedia de las que ve en este mundo le gustaría cambiar, si tuviera la fe suficiente?

2. Usted está hablando con un creyente que se halla preocupado por las cosas malas que hay en su país. Teniendo en cuenta lo que el siervo de Bulstrode Whitelock le dijo a su amo, ¿cómo empezaría a consolar y tal vez a presentarle un desafío espiritual a esta persona?

Preguntas indagatorias para el grupo
1. ¿Cómo se relaciona la fe con la ansiedad?

2. ¿Cuáles son algunas de las cosas que pesan sobre nosotros, estorbándonos en la vida cristiana?

3. Llene los espacios punteados: Nuestras acciones revelan que nosotros . . . .

4. ¿Cómo obra a nuestro favor el escudo de la fe?

5. Llene los espacios punteados: En la vida cristiana, su punto de atención principal debe ser . . . .

. . . . Explique lo que significa en relación con usted y con otros cristianos.

6. ¿Qué nos espera al final de la carrera de la fe? ¿Experimentamos algo de eso aquí y ahora? Explique su respuesta.

7. Cuando empieza a pensar que es demasiado duro vivir la vida cristiana en nuestros días, ¿qué debería considerar?

8. ¿Cómo pueden unirse la humildad y la oración agradecida?

9. Llene los espacios punteados: La ansiedad no puede sobrevivir en un ambiente de . . . .

10. ¿Cuál es el himnario de alabanzas a Dios?

11. ¿Qué dos cosas involucra la alabanza? Dé un ejemplo del Antiguo Testamento de alguien que ilustre ambas cosas.

Preguntas de aplicación personal

1. ¿Posee usted una fe grande o pequeña? ¿Qué determina más la forma en que se comporta, las circunstancias de su vida o la Palabra de Dios? ¿Conoce bien a Dios? Si no es así, ¿no cree que es tiempo de conocerle mejor? Lea Josué 1:8. ¿Qué promete hacer Dios por todo aquel que medite en Su Palabra día y noche?

2. Lea Hebreos 11 y las referencias correspondientes del Antiguo Testamento que combinan con este capítulo. Descubrirá que la fe demanda riesgo. ¿Qué riesgos corrieron los santos del Antiguo Testamento, porque sabían que Dios era fiel a Sus promesas? A pesar de los avatares temporales con los que se pueda encontrar, ¿está usted confiando en Dios para que le sobrevengan aquellas cosas que le ayudan a aumentar su fe?

Enfoque en la oración

Cuando la vida es difícil y su futuro parece inseguro, ¿cómo reacciona usted? ¿Se ve su vida cristiana afectada por el punto de vista que tiene sobre la vida en general? ¿Coloca cada prueba, cada pensamiento con relación al futuro, y cada situación presente en el contexto de su fe? Si no es así, necesita hacer algunos cambios en su vida. Empiece a hacer esos cambios con oración. Como un incentivo a su oración, memorice Santiago 5:16: «La oración eficaz del justo tiene mucha fuerza.»

Tarea

1. Haga una lista de todos los atributos de Dios que conozca, y otra lista de las obras llenas de gracia que Él ha hecho en su vida y otra de aquellas situaciones que tienden a preocuparle. Diga en voz alta en oración, los atributos y las obras de Dios, dándole gracias por cada una de ellas, y entonces vuelva a mirar su lista de problemas. Como Habacuc, verá que su ansiedad se desvanece.

2. Lea la introducción al apéndice de este libro, «Salmos para los ansiosos». Fíjese varios horarios en el curso de un mes, en los que pueda seguir las sugerencias que esta sección le da.

5

Sabiendo que otros desean ayudarle

Tema del capítulo
Tan importante como comprometerse en una guerra personal en contra de la ansiedad, es saber que Dios provee a los Suyos del ministerio de los ángeles y de compañeros cristianos para ayudarle en sus luchas.

Rompehielos
1. Usted está hablando con una madre cristiana cuya mayor preocupación son sus hijos. Ella admite que no puede dejar de temer que algo terrible les ocurra cuando están fuera de su vigilancia. ¿Cómo podría aconsejar eficazmente a esta madre?

2. Un buen amigo cristiano le habla de sus dulces momentos de comunión con el Señor. Sin embargo, a medida que la conversación progresa, usted se da cuenta de que no interviene en las actividades de la iglesia, como estudios bíblicos, u otro tipo de actividades. Su actitud puede resumirse como «sólo yo y el Señor Jesús». ¿Cómo desea el Señor Jesús que usted le responda a este amigo?

Preguntas indagatorias para el grupo
1. ¿Cómo describe a los ángeles el versículo 14 de Hebreos 1?

2. ¿Cuál es una de las muchas maneras que Dios tiene de proteger físicamente a Sus hijos y hacer que estén seguros?

3. ¿Qué razón da Billy Graham en su libro para creer en los ángeles?

4. Haga un contraste entre las formas en que el Espíritu Santo y los ángeles guían a los creyentes.

5. Dé un ejemplo del Antiguo Testamento sobre la provisión o el ministerio sustentador de los ángeles.

6. Contraste la habilidad de un ángel, con la habilidad humana para proteger a alguien.

7. Llene los espacios punteados: Nunca podrá meterse en una situación en la que Dios . . . .

8. Explique cómo los ángeles ayudan a que nuestras oraciones sean contestadas.

9. ¿Qué actitud piadosa debemos tener hacia los ángeles?

10. ¿Es imposible servirnos los unos a los otros en la iglesia con la misma diligencia con que los ángeles nos sirven a nosotros? ¿Por qué sí o por qué no?

11. Haga una lista de los dones espirituales temporales, y luego de los permanentes. ¿Cuáles de los dones permanentes nos son de especial ayuda para tratar con la ansiedad?

12. Mencione algunos de los ministerios del Nuevo Testamento que puedan ejercerse entre los creyentes recíprocamente, y que se relacionan con el ministerio de los dones espirituales.

13. De acuerdo a Bruce Larson, ¿por qué los bares son tan populares?

14. Mencione algunas de las cosas que los creyentes no deben hacer en una verdadera comunión cristiana.

15. Describa la tragedia del «cristiano burbuja». ¿Cuál es el remedio?

16. Llene los espacios punteados: Nunca subestime el poder de . . . . en llevar la carga de sus ansiedades.

Preguntas de aplicación personal

1. Varias personas en la Iglesia Primitiva oraban fervientemente para que Dios dejara libre a Pedro cuando éste estaba en la cárcel (Hechos 12:5). Sin embargo, cuando fue milagrosamente rescatado por un ángel, algunos de los que habían orado no podían creer al ver la respuesta del cielo materializada ante sus ojos (vv. 15, 16). ¿Está orando por algo que en realidad no espera que Dios haga por usted? ¿Lo está haciendo simplemente de una forma mecánica? Sea fiel en sus oraciones, y no se sorprenda cuando Dios le responde. Lea lo que dijo el Señor Jesús sobre el poder milagroso de la oración, en Marcos 11:23, 24; Lucas 11:5-10; 18:1-8 y Juan 15:7.

2. Como Elías, otros fieles siervos de Dios han tenido sus caídas en la fe, y por tanto, sus momentos de desesperación. Cuando nuestra fe en el poder de Dios desaparece, perdemos nuestra confianza y huimos asustados de aquello que en realidad no debería intimidarnos. La oposición puede paralizarnos con el temor e impedirnos proclamar la verdad de Dios. Lea Mateo 10:24-33. ¿Qué le dijo el Señor Jesús a Sus discípulos? Si tiene un compañero de trabajo, un vecino o un familiar antagonista, ore para que Dios le dé valor para hablarle sobre la verdad con amor.

Enfoque en la oración

Lea nuevamente la experiencia de Pablo en alta mar. Después de muchos días de estar a merced de la tormenta, «ya se fue perdiendo toda esperanza de salvarnos» (Hechos 27:20). A veces Dios tiene que llevar a la gente al abismo de la desesperación para que puedan dirigir sus ojos a Él. Hay mucha gente a nuestro alrededor que ha perdido toda esperanza en su trabajo, su matrimonio o sus hijos. Sus ansiedades y desencantos les están llevando a un punto donde ya no resisten más. Ore, pidiéndole a Dios que le dé sensibilidad para atender a sus necesidades. Él desea usarle con el propósito de que pueda llevarles las palabras de esperanza contenidas en la Escritura.

Tarea

1. Para nosotros es fácil dar por sentado que tenemos las abundantes provisiones de Dios para nuestro bienestar físico y espiritual. Lea el Salmo 34 y el 91. Dé gracias a Dios por Su abundante gracia y fidelidad. Agradézcale también por Sus huestes angélicas, que trabajan para ayudarnos, llevando a cabo Su perfecta voluntad.

2. Haga su propio estudio en profundidad sobre los ángeles, examinando el pasaje de Hebreos 1–2. Divida una hoja de papel por la mitad y en uno de los lados haga una lista de las cualidades que se le atribuyen al Hijo de Dios, y las correspondientes cualidades de los ángeles en el otro. Al analizar el capítulo 1, considere la relación de Cristo con los ángeles. En el capítulo 2, considere por qué Cristo fue considerado menos que los ángeles durante un tiempo.

3. Haga una lista de las diferentes modalidades en que usted ha servido a su iglesia de forma regular. ¿Cuántas de esas cosas sigue haciendo todavía? Junto a las cosas que ya no hace más, anote el período de tiempo que estuvo ocupado en ellas. ¿Tiene un patrón de conducta por el que suele involucrarse en las cosas durante un corto período de tiempo? Por cada una de las cosas que ya no hace más, pregúntese por qué ha dejado de hacerlas. ¿Cree que su entorno puede haber estado basado en cosas superficiales, tales como un llamamiento emocional o un interés temporal? Pídale a Dios que le guíe en sus áreas de servicio presentes, y asegúrese de tener una dedicación verdadera y totalmente consagrada para usar sus dones y servir a su iglesia de por vida.

6

Tratando con gente problemática

Tema del capítulo

Una forma efectiva de atacar la ansiedad en la iglesia es comprender y ministrar a los grupos problemáticos de los que Pablo escribió en 1ª Tesalonicenses 5:14, 15.

Rompehielos

Suponga que usted siente pena por un creyente que en las reuniones de la iglesia o en las clases de estudio bíblico siempre parece estar temeroso, preocupado, melancólico y deprimido. ¿Qué podría hacer por esa persona? ¿Qué podría recomendarle que haga por sí misma?

Preguntas indagatorias para el grupo

1. ¿Cuál es una de las formas en que la iglesia crece espiritualmente?

2. Dé una descripción resumida de los cinco grupos problemáticos que menciona Pablo.

3. ¿Qué ocurre cuando ayuda a un preocupado a no preocuparse?

4. ¿Cómo hemos de tratar con aquellas personas inestables y volubles? Explique cómo hacerlo.

5. ¿Cuál es la solución para la ansiedad?

6. ¿Por qué la gente ansiosa está a menudo también deprimida?

7. ¿Qué es lo que ayuda específicamente a la persona preocupada a participar en la aventura de la vida?

8. Llene los espacios punteados: La iglesia crece cuando las . . . . tienen cuidado de las . . . .
. . . .

9. ¿Cómo habría respondido el Señor a los preocupados?

10. ¿Cuál es una de las circunstancias más difíciles a la que nos enfrentamos en la vida de la iglesia? ¿Cómo hemos de responder a ella?

11. ¿Cuál es la forma más poderosa de atacar la ansiedad?

Preguntas de aplicación personal

1. Lea Efesios 5:27. ¿Cómo quiere el Señor Jesucristo presentarle la iglesia al Padre? ¿Qué responsabilidad tiene entonces cada miembro de la iglesia? ¿Qué puede hacer usted para ayudar a su iglesia? ¿A qué altura se halla su vida en este aspecto? ¿Hay algún área o áreas en su vida que están atadas al mundo? Diga cuáles son. Confiéselas a Dios y arrepiéntase. Haga una sincera consagración al Señor, de modo que su vida se mantenga sin contaminarse con el mundo.

2. ¿Cuáles son sus planes para ministrar a otros en el próximo mes? ¿En los próximos cinco años? Es posible que no esté en el equipo de obreros de la iglesia, pero aun así debería tener cierta visión por el futuro de la misma. ¿Reconoce algunas necesidades en las que esté preparado para cubrir o atender ahora? ¿Está el Señor llamando su atención a ciertas necesidades, de modo que deba prepararse para atenderlas? Ore y planifique cómo podrá llevar a cabo esas metas, aunque le parezca que están más allá de su habilidad o capacidad para lograrlas.

Enfoque en la oración

De Filipenses 4:2, 3 aprendemos que los desacuerdos personales entre dos mujeres, esparcieron la discordia en la iglesia de Filipos. Jonathan Edwards hace esta observación:

> «Cuando sufrimos injurias, muchas veces aun los cristianos deseamos tomar la justicia por nuestras propias manos y vindicar nuestros derechos. Si actuáramos de otro modo, podríamos ser el medio por el cual viniera una gran calamidad sobre aquel que nos ha injuriado. La ternura y el amor hacia esa persona, deberían disponernos a una gran dosis de tolerancia, y a sufrir nosotros mismos antes que perjudicar al otro. Además de ello, una acción tal podría llevarnos a una violación de la paz y a establecer una hostilidad. Si en lugar de ello actuamos con amor, tendremos la esperanza de ganar a nuestro vecino y sacar un amigo de un enemigo» (*Charity and its fruits,* editado por Tryon Edwards [Edinburgh: The Banner of Truth Trust, 1986], p. 74.).

Ore, de modo que el Señor le use para fomentar la armonía entre los creyentes por medio de su amor para ellos de palabra y hecho.

Tarea

1. Si aún no está discipulando a nadie, trate de identificar a un cristiano en su esfera de influencia, que pudiera beneficiarse de su madurez espiritual. ¿Desea usted compartir su vida con esa persona, para poder ayudarle a resolver sus problemas de una forma bíblica? Puesto que el aprendizaje se realiza mejor cuando existe una conciencia de la necesidad de saber, necesitará estar disponible

en situaciones de crisis. Discipular a alguien no es cosa fácil, pero el gozo y el sentimiento de haber llevado a cabo una buena tarea, hace que el esfuerzo realmente valga la pena.

2. Lea 1ª Tesalonicenses. Evalúese a sí mismo y la salud espiritual de su iglesia, sobre la base de las siete características que encuentra allí:

• ¿Son usted y la mayoría de los creyentes de su iglesia genuinos creyentes que se oponen a los cristianos nominales?

• ¿Están usted y ellos consagrados a ser como Cristo y deseosos de sufrir por Su causa?

• ¿Están usted y ellos orando regularmente para que el Señor les muestre aquellas ocasiones propicias para compartir el Evangelio? ¿Tiene su iglesia un ministerio que prepare a los creyentes para la tarea de evangelizar?

• ¿Están usted y ellos viviendo la clase de vida que da crédito a lo que predican?

• ¿Están usted y ellos deseando fervientemente el retorno de Cristo?

• ¿Están usted y ellos apoyando a los líderes de la iglesia, o son indiferentes a lo que estos hermanos tratan de llevar a cabo para el Señor?

Si algunos de estos elementos están ausentes en su vida o en su iglesia, determine qué pasos debe tomar para ayudar a fortalecer esas áreas débiles.

7

Teniendo paz en toda circunstancia

Tema del capítulo
Una de las cosas que aprendemos en el pasaje de 2ª Tesalonicenses 3:16-18, es que si somos como deberíamos ser, Dios nos llena de Su paz y derrama Su gracia sobre nosotros. Ésta es una de las formas más eficaces de alejar de nosotros la ansiedad.

Rompehielos
Piense en situaciones de emergencia que usted haya atravesado en el pasado. Enfoque su pensamiento en una que todavía esté clara y viva en su mente. ¿Qué es lo que recuerda al pensar en aquel momento? ¿Qué le ayudó a sostenerse a través de aquella experiencia?

Preguntas indagatorias para el grupo
1. ¿Cómo define la gente normalmente la paz? ¿Cómo la comparamos con la gran paz de Dios?

2. Llene los espacios en blanco: La paz que Dios nos da no está sujeta a . . . . de . . . .

3. Describa la paz como un atributo de Dios.

4. Cite el Salmo 85:8. ¿Qué pasaje en el Nuevo Testamento es paralelo a este versículo?

5. Resuma lo que Thomas Watson dijo acerca de la falsa paz de los malos.

6. ¿Cómo puede ser interrumpida la paz que Dios da a Sus hijos? ¿Cómo puede restaurarse?

7. ¿Cuál es la forma de demostrar al mundo que el Señor Jesús mantiene Sus promesas?

8. ¿Cómo ayudó la gracia de Dios a Pablo en una prueba que le ocasionó gran ansiedad?

9. Cuáles son algunas de las cosas que la gracia de Dios hace a nuestro favor? ¿Cuáles son las condiciones para recibirla?

Preguntas de aplicación personal

1. En la superficie del océano hay a menudo una gran agitación, pero en las profundidades el agua está muy calmada, casi quieta. Algunos equipos que dragaron el suelo oceánico de esta área quieta, han encontrado restos de animales y plantas que datan de cientos de años. Este «almohadón del fondo del mar», como lo llaman los oceanógrafos, es como la paz que experimentan los cristianos. A pesar de la ansiedad y las dificultades que hay en la atmósfera que rodea al cristiano, existe un «almohadón» de paz en su alma. Esto se debe a que el creyente conoce al Príncipe de Paz y tiene en su interior el Espíritu de paz, dado por el Dios de paz. ¿Cómo se encuentra esta área de su vida? ¿Está usted permitiendo que las turbulencias que hay a su alrededor le hundan y perturben su interior?

2. Es fácil olvidar que la paz con Dios está siempre en guerra con el mundo. Vance Havner dice:

«No debemos olvidar que un cristiano nacido de nuevo y lleno del Espíritu Santo, está siempre en contradicción con su viejo mundo y éste se le opone en cada área de la vida. Desde el día en que el creyente nace de nuevo, hasta que va a estar con el Señor para toda la eternidad, está nadando contra la corriente de un mundo que siempre va en sentido contrario a su vida piadosa.

Si él lo permite, los hombres tratarán de abatirle y entristecerle, robarle el gozo de su salvación y reducirlo al nivel de la mayoría de la gente... Muchas de las personas que concurren a las iglesias, tienen aversión a ver su complacencia laodiceana estorbada por aquellos que insisten en andar por la fe y no por vista» (*The Secret of Christian Joy* [N.Y.: Revell, 1938], pp. 54-55).

¿Está usted en paz con Dios o con el mundo? Una fe que trae la paz del cielo al corazón está siempre en lucha, pero en ella radica la buena batalla de la fe (1ª Ti. 1:18, 19).

Enfoque en la oración

En Juan 16:26 aprendemos que tenemos acceso directo al Padre por medio de la oración. En Romanos 8:26, 34 vemos que Cristo intercede por nosotros cuando necesitamos Su ayuda. ¿Tiene usted tanto celo para orar a Dios como lo tiene Él para escuchar sus oraciones? Ore al Señor y expóngale lo que siente en su corazón ahora mismo. Su paz le está esperando.

Tarea

Filipenses 4:9 conecta la vida piadosa del cristiano con la paz de Dios. Lea Proverbios 1:33 y 28:1 para notar dicha conexión. Entonces escriba Filipenses 4:6-9 en una tarjeta y memorícelo. Cuando tienda a preocuparse pida ayuda al Señor, y medite sobre el pasaje de la Escritura que ha memorizado. Haciendo esto, reforzará su pensamiento y su vida piadosa.

8

Haciéndolo todo sin quejarse

Tema del capítulo

Una aplicación importante de Filipenses 2:14-16 consiste en evitar las quejas.

Rompehielos

1. Imagínese que está de visita en casa de unos amigos íntimos que tienen un niño pequeño. Aman mucho a su hijo y le consienten todos sus deseos, pero tienen miedo de perjudicarle. Le preguntan su opinión sobre la crianza de los niños. ¿Qué les diría usted?

2. Un miembro de su familia ha adquirido el mal hábito de quejarse de casi todo. Llega hasta tal punto que usted ya no desea estar al lado de él. Sin embargo, usted le tiene en alta estima, y no desea que su relación con él se deteriore. ¿Cómo manejaría la situación?

Preguntas indagatorias para el grupo

1. ¿Qué tendencia se adquiere como consecuencia de querer acumular riquezas?

2. ¿Por qué las pequeñas familias en una sociedad materialista, están predispuestas a producir niños descontentos?

3. ¿Qué ocurre en la mayoría de las familias numerosas a causa de la logística?

4. ¿Cuál es el producto lamentable de unos padres centralizados en su hijo?

5. Di uno de los beneficios positivos para un niño que se somete a la autoridad paterna.

6. ¿Por qué muchos jóvenes no desean abandonar el hogar paterno?

7. Cuando los individuos materialistas se sienten vacíos interiormente, ¿qué tienden a hacer? ¿Cómo afecta esto a la sociedad?

8. ¿Cuáles son algunas de las cosas más comunes sobre las que la gente se queja?

9. ¿Cuándo nuestras preocupaciones son productivas?

10. Compruebe con las Escrituras que quejarse contra Dios es un pecado. Utilice textos y ejemplos del Antiguo y del Nuevo Testamento.

11. ¿Cuál es la única manera correcta de decir «gracias» a Dios, por perdonar sus pecados?

12. ¿Qué dice la Biblia acerca del contentamiento, y dónde lo dice?

13. ¿Por qué Dios odia tanto las quejas?

14. ¿Cuáles son los dos aspectos del cristiano de brillar como luces en un mundo oscuro?

15. ¿Cómo afecta un espíritu quejumbroso a otros y a aquel que lo posee?

Preguntas de aplicación personal

1. ¿Está usted en estos momentos carente de gozo y contentamiento en su vida? He aquí una lista escritural de comprobación para que considere:

• ¿Está usted obedeciendo claramente la voluntad revelada por Dios como se registra en la Biblia? (Sal. 119:111).

• ¿Es usted consciente de algún pecado inconfeso en su vida? (Salmo 51:9, 12).

218

• ¿Está usted compartiendo su fe con otros y ayudándoles a crecer espiritualmente? (Fil. 2:17).

• ¿Está usted lleno del Espíritu, rindiéndose conscientemente a Su control? (Gá. 5:19-26).

• ¿Se caracteriza usted por un profundo amor a Cristo? (1ª P. 1:8).

2. ¿Manifiesta usted en su vida una actitud que demuestra que Dios es el dueño de todo lo que posee? ¿Hace regularmente una distinción entre sus necesidades y sus deseos? ¿Trata de evitar la compra de aquellas cosas que no necesita y que no ha de usar? ¿Gasta usted menos de lo que gana? ¿Ofrenda con sacrificio para la obra del Señor? Ser capaz de dar un *sí* honesto y de todo corazón a todas estas preguntas, es un punto crucial para estar contento con lo que usted tiene y despreciar el amor al dinero (Leer 1ª Ti. 6:6-10).

Enfoque en la oración
Los israelitas disfrutaron de tremendos privilegios espirituales, como lo certifica 1ª Corintios 10. Haga una lista de los beneficios de los que usted disfruta y alabe a Dios por Su gracia sin par en derramarlos –especialmente cuando se encuentra tentado a quejarse acerca de algo.

Tarea
Haga una lista de lo que usted posee, con su nombre arriba de la misma. Cuando acabe, tache su nombre y escriba «de Dios» en su lugar. Entonces dé gracias a Dios específicamente por todo lo que figura en esa lista. Desde ahora en adelante, planee cuidadosamente sus viajes a la tienda. Las únicas cosas que deberían figurar en su lista son las que en verdad necesita y puede financiar. No se deje atrapar en la trampa de gastar más de lo que gana.

Finalmente, determine lo que puede dar para la obra del
Señor y trate de dar un poco más. Estará haciendo un
sacrificio por medio del cual cosechará bendiciones eternas.

9

Aprendiendo a contentarse

Tema del capítulo

En Filipenses 4:10-19 la conducta de Pablo es un modelo de confianza en la providencia de Dios. Está satisfecho con poco, no permite que ninguna circunstancia le perturbe, está sostenido por el poder divino, y ocupado con el bienestar de los demás.

Rompehielos

1. Un ministro del evangelio muy respetado por usted empieza a dejarse invadir por el pánico, y recurre a la manipulación de los demás para ganar algo más de sostenimiento. ¿Cómo podría usted usar el pasaje de Filipenses 4 para expresarle de forma concisa su preocupación a los directores de este ministro?

2. Su hijo le dice que necesita un juguete nuevo. Su esposa le dice que necesita un nuevo «hobby» o entretenimiento. Ayúdeles a darse cuenta de lo que realmente necesitan, enseñándoles a pensar en el verdadero significado y uso de la palabra *necesitar*. ¿Cómo podría hacerlo con tacto?

Preguntas indagatorias para el grupo

1. Llene los espacios punteados: La Biblia habla del contentamiento no sólo como una virtud, sino también como . . . .

2. ¿Cuál era la situación de Pablo cuando estaba escribiendo el libro de los Filipenses?

3. Explique el punto de vista que tenían los estoicos sobre el contentamiento. ¿En qué difiere el concepto bíblico?

4. Describa cómo era la relación de Pablo con la iglesia de Filipos y su relevancia en el cierre de la carta dirigida a ellos.

5. ¿Por qué Pablo confiaba en que Dios ordenaba sabiamente toda circunstancia?

6. ¿Cuáles son las dos maneras en que Dios actúa en el mundo? Compárelas entre sí.

7. ¿Cómo puede evitar que su confianza en la providencia de Dios decline hasta llegar a una actitud fatalista?

8. ¿Cuál es la forma de protegerse de la definición deformada que hace nuestra cultura materialista sobre las necesidades humanas?

9. ¿Cómo podemos como cristianos perder nuestro sentido de satisfacción y nuestra paz? ¿Cómo podemos recuperarlos?

10. ¿Qué es lo que aumenta nuestra capacidad de experimentar satisfacción y contentamiento?

11. ¿Por qué muchos de nosotros no experimentamos estas cosas?

12. ¿En qué estaba Pablo más interesado que no fueran sus ganancias materiales?

13. Cite un buen versículo de la Escritura para usar como un salvavidas espiritual en nuestro ataque contra la ansiedad?

Preguntas de aplicación personal

¿Está usted ahora mismo en medio de circunstancias difíciles en su vida? A la luz de Romanos 8:28, ¿qué perspectiva se aplica a cada situación en la que se pueda encontrar? Como cristiano tiene todas las razones para ser optimista. No permita que la adversidad oscurezca la promesa de Dios de que todas las cosas obran para bien.

Enfoque en la oración

¿Qué clase de ejemplo nos provee Pablo en Filipenses 4? ¿Por qué estaba él contento y satisfecho? ¿Cuáles eran «todas las cosas» que podía hacer por medio de Cristo? De acuerdo al versículo 19, ¿qué ocurre a aquellos que arriesgan su futuro bienestar, compartiendo sus posesiones para cubrir una necesidad? ¿Qué necesidades sabe usted que existen en el tiempo presente en el Cuerpo de Cristo? ¿Tiene usted recursos para cubrir alguna de esas necesidades? Si es así, ¿hay algo que le impida hacerlo? Pídale a Dios que le dé sabiduría para emplear los recursos que Él le ha dado para cubrir esa necesidad. Entonces agradézcale tal privilegio.

Tarea

Para nosotros es muy fácil preocuparnos por los problemas y asuntos del momento y olvidarnos de las maravillosas joyas que nos esperan en la eternidad. Reserve algunos minutos ahora mismo para meditar sobre Apocalipsis 21:1–22:5. ¿Cuáles son algunas de las cosas pertenecientes a su *nuevo hogar* en las que debe poner su mira? ¿Qué diferencias hay entre esa vida futura, con respecto a la que estamos viviendo ahora? Pensar con frecuencia acerca de su hogar futuro, le dará una perspectiva eterna y renovada, que a su vez redundará en una acción de gracias y alabanzas a Dios.